국내최초
2023
개정판
데카메론 타로카드 전문 해설서

데카메론
타로카드
상담전문가

성인 타로카드 전문 실전편 1

한국타로& NLP상담전문가협회
The Korean Association For Tarot & NLP Counseling Expert

목차_

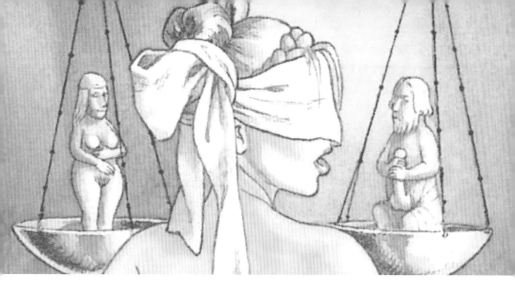

2023년 10월 현재, 전 세계는 수년간의 코로나19(COVID-19)라는 바이러스 감염증의 큰 난관에서 벗어나고 있다. 국내에서도 2023년 5월 코로나 엔데믹을 선언하며, 2020년 1월부터 3년 4개월이라는 긴 코로나19 유행 기간의 종지부를 찍었다. 하지만, 엔데믹 선언 이후 수개월이 지난 현재에도 많은 사람이 여전히 코로나19에 감염되고 있으며, 재감염의 수도 증가하고 있다. 이러한 이유로 코로나19 감염에 대한 두려움이 많이 사라지는 상황이지만, 저자를 포함한 많은 사람은 여전히 마스크를 착용하며 일상생활을 하는 상황이다.

7백여 년 전의 아주 먼 과거, 중세 유럽을 참담하게 휩쓴 페스트(이하, 흑사병)라는 전염병이 있었다. 1347년경에 시작된 흑사병은 유럽 전체를 휩쓸어 수년 동안에 유럽 인구를 절반 가까이로 줄인 참혹한 질병이었다.

보카치오는 데카메론 서문에서 "이 책이 고통을 당하고 있는 사람들, 특히 여성들에게 위안을 주고, 즐거움뿐만 아니라 유용한 충고를 제공하기 위해 집필하게 됐다."라고 설명하면서 작품을 쓰게 된 이유와 목적을 이야기하고 있다.

저자 또한 전 세계적으로 엔데믹 선언이 이루어지는 현재에도 여전히 남아있는 코로나19(COVID-19)라는 바이러스 감염증의 불안감과 두려움 등 난관에 봉착해 있는 분들께 위안을 주며 하나의 희망으로서, 시간이 지난 후에는 코로나19(COVID-19)가 완벽히 해결되어 하나의 옛날 이야깃거리로 남기를 기대한다. 이런 의미로 14C 중엽, 흑사병을 주제로 인문학의 대가인 보카치오라는 작가가 1348년에 서술한 데카메론이라는 책 내용과 연계한 데카메론 타로카드를 이탈리아 LO SCARABEO 사와 정식 계약, 2019년부터 대학 등에서 강의하며 데카메론 타로 상담전문가 책을 쓰게 되었다. 이른 시일 안에 코로나19(COVID-19)가 완전히 종결되어 평범한 일상이 진정한 행복이었다고 느껴지는 그 일상으로 돌아가 우리 모두 평범하고 소소한 행복을 영원히 느끼길 기원하며 이 책(개정 3판)을 집필한다.

아울러, 이런 저자의 마음이 닿았는지 데카메론 타로카드 상담전문가가 짧은 기간에 개정 3판까지 이르게 된 점, 유튜브 및 거의 대부분의 데카메론 타로카드 강의에서 기본서로 사용되고 있는 점, 독자와 수강생분, 전문 강사분께 프롤로그를 빌어 깊은 감사의 마음을 전한다.

대표 자문 **최옥환**(필명 최지훤)

대표 저자 **이미정, 김은미, 박소현**

공동 저자 **우수옥, 소난영**

본 Decameron Tarot Work Book은 Decameron Tarot에 포함되어 있는 해설서의 내용 중 전반적인 중요 부분을 게재하였다. 메이저 카드 22장과 마이너 카드 56장에 해당하는 해설서 내용은 각 카드에 설명된 데카메론 원서 해설을 통한 실전 상담을 참고하기 바란다.

A Guide for Love _ 사랑의 지침

사랑은 우주를 떠받치고 행성을 움직일 힘을 지니고 있다. 이것은 기독교를 주축으로 한 중세 철학에서 나온 개념으로 사랑은 열정을 불러일으키고 행복으로 가득 찬 상태임을 의미한다. 베르길리우스(Virgil, Vergilius)도 "사랑은 모든 것을 이긴다. 우리도 사랑에 굴복하자."라고 말하며 사랑의 힘이 위대함을 강조했다. 그러나, 형이상학적인(추상적인) 사랑에서 개인의 삶을 지배하는 열정적인 사랑으로 치닫게 되면 우리는 감정의 위태로움을 경험하게 된다. '사랑과 심장은 밀접한 관계가 있다(사랑과 심장은 각운을 이룬다).' 사랑은 열정적이고 마음이 잘 통하는 두 개의 심장이 만났을 때 이루어진다. 에로스의 비통한 마음은 이 세상만큼 오래되었다.

사랑에 빠진 사람들은 늘 스스로 자신이 쏟은 열정을 어느 정도로 보답받았는지에 대해 질문한다. 의심스러울 때, 그들은 마법, 묘약, 예감, 타로에 의지해 위안을 얻는다. 사랑은 타로카드의 이상적인 주제이자 매력적인 목표이다.

14세기에 조반니 보카치오(Giovanni Boccaccio)'는 "데카메론"이라는 작품을 통해 사랑의 세계를 그렸다. 데카메론은 현재까지 많은 신뢰를

* 조반니 보카치오는 1313년 이탈리아 중부에 위치한 토소카나 상인의 아들로 태어나 어린 시절을 피렌체에서 보냈다. 1340년대부터 본격적인 작품 활동을 하던 보카치오는 흑사병이 발병하던 시기인 1348년 데카메론 책을 썼다.

얻고 있는 작품으로 플로렌스(피렌체)에 번진 흑사병을 묘사하며 시작된다. 보카치오는 작품에서 새로운 세계, 사회적 관습과 윤리의식의 변혁을 예언했다. 또한, 작품에 등장하는 캐릭터들은 자유분방하고 부도덕하며 편견이 없고 미신을 따르는 특징을 가지고 있었다. 이탈리아 화가인 자친토 카우덴치(Giacinto Gaudenzi)는 중세 시대 인물들의(영속적으로 작용하는) 정서적 욕구 변화에 영감을 얻어 중세 사회를 해석했다.

14세기 인류는 다양하고 복잡했으며 신성과 세속 그리고 추악함과 숭고한 희생이 뒤범벅된 상태였다. 플로렌스(피렌체) 출신의 작가인 카우덴치는 이와 관련된 사실에 대해 서슴없이(검열 없이) 자유롭게 의견을 표출했다. 예술적 언어만이 형이상학적이고 암시적인 이미지에 의존하여 사랑을 표현할 수 있었고 적대적이고 반어적인 단어를 사용할 수 있었다. 이렇게 함으로써, 성에 대한 혐오로 인한 검열과 기독교의 비난에서 벗어날 수 있었다. 그는 자신의 예술품을 제작하였지만, 작품으로 순응주의자들의 배척을 피하려 하지 않았다. 순응주의자들은 20세기까지 카우덴치의 이름과 작품을 악마로 묘사한 사람들이다.

보카치오(Boccaccio)는 당시 아둔하고 도덕주의자인 척하는 사회에서 벗어나고 싶어 했지만 카우덴치(Gaudenzi)는 그렇지 않았다. 그는 잔인한 사실성이 담겼지만, 독창적이고 성적으로 끌릴 만한 피가 뒤덮인 장면들을 명확하게 구현하려 했었다.

Giovanni Boccaccio _ 조반니 보카치오

조반니 보카치오(Giovanni Boccaccio)는 1313년 체르탈도(피렌체)에서 사생아로 태어났다. 아버지 보카치노 디 켈리노(Boccaccino di Chellino)는 부유한 사업가였다. 1348년에 보카치오(Giovanni Boccaccio)는 흑사병이 창궐했을 때 '데카메론'을 집필하였다. 1350년에 그는 이미 부와 명성을 얻었으며 페트라르카(Petrarch)와 알리기에르 가족(Alighieri family)과 매우 친하게 지냈다. 그의 어머니는 하녀로 추정된다. 그러나 보카치오(Giovanni Boccaccio)는 자신의 어머니가 파리의 귀족 부인이라고 알렸다. 보카치오가 꿈에 그리던 여인이었던 피암메타(데카메론의 주인공)는 마리아 드 아퀴노(Maria d'Aquino) 공주를 위한 인물이었다. 피암메타는 현존 인물이 아닌 데카메론의 등장인물이다. 이후, 보카치오 (Giovanni Boccaccio)는 1375년에 세상을 떠났다.

Reading The Tarot　　　　　　　　　　　_ 타로카드 해석

각각의 카드는 사랑과 관련된 고유의 의미를 담고 있다. 따라서 카드의 내용이 육욕적이고 폭력적일 수도 있고 열정적이고 방탕할 수 있으며 평범하고 달콤할 수도 있다. 또한, 지적이고 섬세할 수도 있으나 모든 카드는 사랑의 상징에 따라 사랑과 관련된 의미로 해석되어야 한다. 데카메론은 사랑을 주제로 한 단편소설이며 노골적이진 않지만, 매우 자유롭고 진솔한 이야기를 다룬다. 데카메론 타로카드는 이러한 접근법 (방식)에 유념하여 타로카드를 해석해야 한다.

Major Arcana　　　　　　　　　　　_ 메이저 아르카나

심원한 전통에 의하면, 메이저 아르카나는 인생의 주요 사건들을 설명하는 것이다.

Minor Arcana　　　　　　　　　　　_ 마이너 아르카나

22장의 메이저 아르카나는 4개의 슈트로 나뉜 56장의 마이너 아르카나와 함께 사용된다. 완드는 불의 상징이며 격정과 극한 경험을 의미한다. 성배는 물을 의미하며 주로 영혼에 관해 설명한다. 검(劍)은 공기의 요소로서 사고의 질과 연관되는 내면세계를 의미한다. 펜타클은 세계, 육체, 물질적 재화와 연관된다.

The Bedroom _ 침실

타로카드를 해석하기 위해서는 과정이 필요하다. 즉, 실현 가능한 과정이 필요하다. 테이블 위에 타로카드를 펼치는 방법은 수없이 많으나 다수의 전문가는 개인적 특성과 경험을 바탕으로 자신만의 방법을 활용한다. 이 카드 덱은 사랑에 의한 불안감을 나타내는 것으로 침실을 사랑의 무대로 재구성해야 한다고 충고하고 있다. 역사적으로 침대는 늘 성적인 역할을 하는 것만은 아니었다. 사랑을 나눌 수 있는 수평적인 공간으로 그저 유용한 기능을 하는 것으로 여겨졌다. 그러나 시간이 흐를수록 사람들은 자신만의 침대를 소유할 수 없었기에 혼음 생활을 하기 시작했다. 18세기에 이르렀을 때 사람들은 침대를 독립적인 공간으로 분류하고 사랑을 나누는 장소라고 여기기 시작했다.

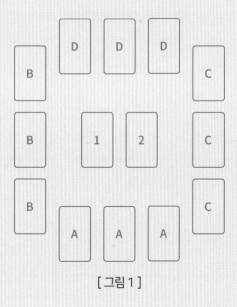

[그림 1]

먼저 침대 위 연인들에 관해 살펴보면, 첫 두 장의 카드는 함께 있는 연인들을 나타낸다(그림1의 1, 2). 카드를 해석하기 전, 질문자는 카드를 뒤집은 상태의 메이저·마이너 아르카나 78장에서 선택했거나 마이너 아르카나에서 이 카드들을 뽑았을 것이다. 타로 해석가는 처음부터 질문자의 성향을 파악할 수 있을 것이다. 또한, 질문자 자신과 가상의 연인을 바라보는 관점에 대해 이해할 수 있게 된다.

연인들의 위치에 관한 질문에 대해 답을 하자면, 침대 예절은 따로 없다는 것이다. 과거의 도상학을 보면, 남녀는 서로 무심하게 오른쪽 또는 왼쪽을 향해 누워 있다. 고대인들은 침대 위 격식이 있었지만 대부분 미신이나 터무니없는 의식을 따르는 규범이었다. 중세 시대 때는, 나체로 잠들곤 했다. 남성이 옷을 입은 채로 여성과 침상에 누웠다면 이는 성적인 관계를 거부한다는 의미다. 당시 많은 사람은 "접촉에 의한 마법(스킨십에 의해 일어나는 마법이나 마력 같은 것)"을 믿었고 남성은 무심코 한밤중의 욕정을 따르게 되면 불행에 휩싸일 수도 있었다.

이로 인해, 사람들은 매트리스 위에 남겨진 신체적 신호를 아침이 되면 즉시 없애야 한다고 생각했다. 어떤 이들은 밤에 등장하는 악마의 영혼에 겁을 먹고서는 잠이 들기 전 하나님께 기도하기도 했다. 자신들이 잠에 빠졌을 때 신이 그들을 목격하고 판단할까 봐 두려움에 떨며 기도문을 읽었다. 19세기에 들어서면서, 몇몇 보건사는 침대를 북쪽에(남향축) 놓도록 권고했다. 특히, 이 방법은 행성의 움직임과 조화를 이루며 수면을 취해야하는 사람들에게 필요한 방법이라고 말했다. 머리 위로 수증기가 증발할 수 있도록 구멍을 뚫은 취침용 모자가 필요한 사람들도 있었다.

따라서 타로 게임을 할 때는, 남성이 왼쪽에 위치하고 여성이 오른쪽에 위치하게 카드를 놓아야 한다. 관계 초기에 남성은 자신의 자리를 차지하고선 왼팔을 베개 위에 올리고 휴식을 취하면서 오른손은 자유롭게 자신의 연인을 애무하고 자극하며 만질 수 있게 하기 위함이다. 여성이 흥분에 빠지려면 더 많은 시간이 필요하고 연인과 성교를 즐기기 위해 상당한 헌신을 요한다는 것은 익히 알려진 사실이다. 성적인 쾌감을 위해 이러한 환경적인 조건들은 매우 중요하다.

연인을 나타내는 두 장의 카드(그림1의 1, 2) 아래에 놓인 세 장의 카드들은(그림1의 A, A, A) 연인들의 발치에 놓여있는 것과 같다. 이 카드들은 연인들이 어떤 모습으로 보이는지를 설명하고 사회적 판단(사회 전반에서 타당하다고 여겨지는 판단)과 지금까지 서로가 생각해 온 측면들에 대해 알려준다. 세 장의 카드(그림1의 B, B, B)는 남성이 위치한 곳에 배치하고 나머지 세 장의 카드(그림1의 C, C, C)는 여성이 위치한 곳에 배치한다. 남성과 여성이 위치한 곳에 배열된 각각의 카드들(그림1의 B, B, B/C, C, C)은 두 연인이 열망하는 것을 나타낸다. 마지막으로, 연인의 머리 위쪽에 놓인 카드 세 장(그림1의 D, D, D)을 뒤집는다. 마지막에 뒤집은 세 장의 카드(그림1의 D, D, D)가 질문에 대한 답변이고 타로 해석가는 성적인 관계에 대한 최종적인 운명에 대해 해석해야 한다.

데카메론 카드 상담전문가 책에 뜬금없이 제1편에 수록된 데카메론 전반의 제목과 내용을 보고 당황한 독자들도 있을 듯하다. 단순히 데카메론 카드 해설서에 나와 있는 키워드 몇 줄에만 의존하여 스스로 데카메론 상담전문가라고 자칭하는 사람들은 편협한 단순 지식과 자신만의 울타리 안에 갇히게 된다.

예를 들어 수학에 대한 기본적인 개념을 알아야 충분한 수학적 문제 응용 등의 종합적 문제 해결이 이루어지듯이 개념에 대한 기본적 기반 없이 단순 반복적 문제 해결의 정답만 도출하는 경우에는 종합적이고 창의적인 문제 해결이 어렵게 된다.

이처럼 데카메론 카드를 완벽히 이해하기 위해서는 보카치오의 데카메론이 쓰인 당시의 유럽 사회와 데카메론을 이해함이 중요하다. 이후 데카메론 카드의 전문 내용을 공부한다면 잘 다져진 기반 위에 데카메론 카드의 지식을 하나하나 쌓을 수 있을 뿐 아니라, 내담자의 문제 상황에 맞게 정확히 상담하고 직관을 활용한 고차원적인 상담전문가로 나아갈 수 있을 것이다.

그러나, 아쉽게도 이 책은 데카메론 카드 전문가를 위한 전문서로, 여기서 방대한 데카메론의 종합적인 내용을 전부 다룰 수 없다. 책의 집필 목적에 맞게 데카메론 카드 전문가를 위해 반드시 파악해야 할 데카메론의 내용을 데카메론 전반이라는 제1편에서 체계적인 정리를 통해 다루었다. 이야기를 읽듯이 부담 없이 편하게 읽어 내려가면 될 듯하다.

데카메론 전반

Lo Scarabeo
tools for a spiritual journey
with
TAROSOPHY®
TAROT ASSOCIATIONS (WORLDWIDE)

1. 시대적 배경

14세기부터 15세기 중반까지를 말하는 중세 유럽 후기는 13세기 말부터 시작된 개간사업으로 숲이 없어지고, 그로 인해 늘어난 인구를 부양할 수 있는 식량이 급격하게 감소하면서 발생한 인플레이션으로 장기적 경기 침체, 경제적 위기를 겪게 되었다. 그리고 이러한 식량부족으로 인한 영양부족, 경기 침체와 함께 유럽 전역에 퍼진 페스트(이하 '흑사병')로 인해 유럽의 인구가 급감하였다. 특히, 흑사병으로 인해 3개월이란 짧은 시간에 유럽 인구의 3분의 1이 감소하면서 사회적 불안감이 최고조에 이르고 수많은 폭동이 일상적으로 일어나는 등 사실상 유럽이 무너졌다고 할 수 있다. 실제로 1348년부터 피렌체에서도 흑사병이 나돌면서 신분, 연령, 성별에 상관없이 모두 전염병 앞에서 무너지게 되었다.

이에 중세 유럽 사람들은 흑사병을 해결하기 위해 다양한 해결책을 내놓게 되었다. 병의 원인을 몰랐던 당시 사람들은 흑사병의 원인을 개와 고양이로 생각하고 국가 예산을 사용하여 개와 고양이들을 죽이기 시작하였다. 그러나 잘못된 원인 파악으로 흑사병의 원인이었던 쥐들은 더 번식하게 되는 결과를 가져왔다. 그뿐만 아니라, 흑사병이 공기를 통해 전염된다고 생각하기도 하였으며, 흡연자는 흑사병에 걸리지 않는다는 소문이 돌기도 하였다. 의학적으로는 방혈법과 임파선종 절개 수술이 행해졌으나 전혀 효과가 없었다. 그러나 시간이 지나면서 흑사병은 점차 줄어들었고 19세기에 파스퇴르가 백신을 개발하면서 흑사병이 종결되었다.

이러한 흑사병으로 중세 유럽은 경제적·사회적으로 많은 영향을 받게 되었다. 경제적으로는 봉건 체제가 무너지면서 농민 봉기가 일상적으로

---

* 흑사병(黑死病): 감염성 질환, 쥐벼룩에 의해 전파되는 예르시니아 페스티스라는 균의 감염에 의해 발생(다음 백과)

일어났고 영주들은 노동력을 확보하기 힘들었다. 반면, 농민들은 권력이 약해지는 영주들에게 반항하고 반란을 일으키며 사회적으로나 경제적으로 지위를 차츰 향상해 나갔다.

한편, 사회적으로는 전염병에 걸린 사람은 비록 가족이더라도 버리거나 죽여 나갔고 그로 인해 당시 사람들은 대인관계에 회의를 느끼게 되었으며, 점차 증가하는 사망자로 극도의 두려움과 불안감도 느끼게 되었다. 가톨릭의 엄격한 규율이 무너지고, 성직자를 비롯한 당시 사람들은 점차 쾌락주의에 빠져들어 동성애가 증가하고 부적절한 성관계를 즐기게 되는 등 성적으로도 많이 문란해졌다.

다시 말해, 중세 유럽은 빠른 전염성과 높은 치사율의 흑사병에 의해 과거와 달리 복잡한 사회가 되었고, 귀족과 교황의 권력이 약해지면서 왕권이 강화되기 시작했다. 신성과 신성모독이 혼합되어 있었고 이는 문화예술에까지 영향을 미쳐, 교회를 비판하고 풍자하는 악의적이고 역설적인 어휘들을 예술적인 언어와 은유적인 은밀한 이미지로 바꿔 표현하기 시작했다.

데카메론의 공간적, 시간적 배경이 되는 14세기 이탈리아 역시 혼란의 시대를 겪었다. 도시마다 국가가 있는 분립주의 상태였던 당시 이탈리아에서는 황제권과 교황권의 충돌로 정치적 혼란을 겪게 되었고, 군소 국가들 역시 서로 싸우며 세력이 약한 국가가 강한 쪽으로 흡수되기도 하였다. 이러한 시대적 배경은 데카메론에도 설명하고 있는데, 그 내용은 다음과 같다.

"이 상황에서 사람들은 각기 다른 반응을 보였는데 일부는 절제와 금욕 생활을 했고 다른 사람들은 마음껏 먹고 마시는 일을 일삼았다. 법과 계율을 다 버리고 방종했으며 일부는 집과 재산을 버리고 도시를 떠나 한적한 시골로 이주했다."

2. 중세 문학

중세 시대의 유럽 문화는 학생들과 학자들이 다양한 국가로 자유롭게 움직일 수 있었고, 기독교, 불교, 유교 등 종교가 보편화되기 시작하였다. 또한, 라틴어, 중국어, 아랍어와 같은 언어가 보편적으로 사용되면서 공통적인 문화가 형성되기 시작하였다.

하지만, 중세 문학은 기독교의 영향을 받았고, 중세 초기 형성된 귀족 계층으로 인해 봉건적 규범의 영향도 받게 되었다. 그리하여 전기 문학에서는 주로 왕이나 기사, 영주들의 무용담을 서사시로 옮긴 작품들이 발달하였고, 기사들이 귀부인을 위해 만든 서정적 연애 시 혹은 노래들이 많이 나타났다. 후기 문학에서는 기독교의 영향이 전기보다 더 강하게 미치면서 종교 문학의 형태를 가진 작품들이 많이 발표되었다. 특히, 후기에는 중세 문학의 완성이라고 할 수 있는 단테의 '신곡'이 발표되기도 하였다. 이러한 배경으로 인해 중세 문학은 총 5가지의 특징을 나타내고 있다.

1. 라틴어에 의한 종교(기독교) 문학
2. 유럽 각 민족의 전통적인 영웅 서사시
3. 기사도 이야기 및 서정 문학
4. 비평적 / 풍자적 문학
5. 중세 문학의 완성인 단테의 문학

종교 문학의 경우, 성자의 전기, 종교극 등 종교 사상을 다루고 있는 작품들이 라틴어로 창작되었다. 따라서 이때 발표된 작품들은 문학보다는 신학에 가까웠다고 할 수 있을 정도로 문학적으로 가치가 있는 작품이 거의 없었다. 기사도 및 서정 문학은 중세 전기에 프랑스 남부를 중심으로 많이 발표되었고, 여성을 숭배하고 사랑을 신성화하는 이야기를 많이 담고 있었다. 이러한 남녀 사랑 이야기는 풍자 문학에서도 다루고 있는데, 서정 문학과 달리 풍자 문학에서는 남녀의 이야기를 통해 사회의 모순과

불합리를 비판하며 내용을 전개하고 있다. 이를 대표하는 작품으로는 〈장미 이야기*〉가 있다.

다시 말해, 중세 문학의 가장 큰 특징은 표현의 제약이 존재하고 있음에도 불구하고 종교적인 요소에 세속적인 요소가 잘 융합되어 표현되었다는 것이다.

중세 후기, 단테 다음으로 높이 평가받고 있는 보카치오의 문학은 14세기와 15세기, 즉 중세 문학과 르네상스 문학의 경계에 있다고 할 수 있다. 특히, 그의 대표작인 데카메론에서는 남녀의 사랑 이야기를 중심으로 내용을 구성하여 당시를 비판하고 있으며 일부 이야기에서는 여성을 숭배하고 있다는 점 등의 중세 문학의 특징을 살펴볼 수 있다.

또한, 가톨릭을 비판하고 있으나 부정하지 않는다는 점, 그리고 인간의 삶을 상세히 묘사하고 있는 인본주의적 성격을 가진다는 점에서 르네상스 문학의 특징을 엿볼 수 있다. 이에 관한 내용은 이후 데카메론 100가지 핵심 이야기를 통해 자세히 살펴보고자 한다.

3. 단테의 〈신곡〉

보카치오에게 많은 영향을 준 단테는 13세기 유명한 이탈리아의 시인이자 예언자, 신앙인이다. 단테는 1265년 피렌체에서 태어났다. 어려서부터 시를 좋아했던 그는 라틴어와 고대 문학을 배웠고, 청년 시절에는 문학 운동을 주도하기도 하였다. 또한, 1289년에는 구엘피당 정권 확립에 공헌하여 6인의 행정 위원 중 한 명이 되는 등 매우 성공적인 공직 생활을 시작하였으나 전쟁의 소용돌이에 휘말려 35세에 피렌체에서 추방을 선고받게 되었다. 피렌체에서의 추방은 그의 인생에서 고통과 시련의 시기이기도 하였으나 자기 생각을 키워나갈 수 있는 계기가 되었고, 그의

---

* 장미 이야기(le Roman de la Rose): 궁정 사교계를 상징하는 정원 안에서 한 청년이 장미 꽃 봉오리에 비유되는 처녀에게 구애하는 과정을 풍유적 꿈의 형식을 빌려 쓴 13세기의 시적 소설

작품 대부분이 이때 쓰였다.

〈신곡〉은 그가 망명 생활을 하던 중 가장 고통스러웠던 1307년경에 이탈리아어로 쓴 서사시이다. 우리가 잘 알고 있는 〈신곡〉이라는 제목은 원래 〈Commedia(희극)〉이었으나, 보카치오의 책 '단테의 생애'에서 'Divina(성스러운)'라는 표현을 빌려 1555년에 출판업자인 로도비코 돌체(Lodovico Dolce)에 의해 붙여진 이름이다. 이 작품은 지옥, 연옥, 천국으로 구성되어 있으며, 모두 같은 길이로 되어있다. 신곡의 내용을 간략하게 살펴보면 다음과 같다.

7일 6시간 동안 단테가 길을 잃고 베르길리우스, 베아트리체, 베르나르두스의 안내를 따라 지옥-연옥-천국으로 여행하는 내용을 담고 있다. 지옥 편에서는 악을 상징하는 동물들에게 위협을 당할 때, 성모마리아의 명으로 길잡이가 된 베르길리우스를 따라 지옥으로 가는 여정을, 연옥 편에서는 연옥을 거치며 모든 죄를 씻고 나온 단테가 마지막에 레테강과 에우노에 강에 몸을 적시고 베르길리우스와 스타티우스에게 작별을 하며 베아트리체를 만나는 과정을, 마지막 천국 편에서는 천국에 도착한 단테가 구원받기 위해 성 베드로와 성 야고보, 성 요한의 질문에 합격하여 성모마리아의 기도로 단테의 소망이 이루어지는 것을 보여 준다.

위와 같은 줄거리를 살펴보면 보카치오의 데카메론이 신곡의 영향을 많이 받은 것을 알 수 있다. 또한, 이러한 점은 보카치오가 단테에게 많은 영향을 받았고, 얼마나 그에 관해서 많은 연구를 해왔는지 알 수 있는 부분이기도 하다.

1. 보카치오의 생애

1313년 피렌체의 잘나가는 부유한 상인이었던 아버지 밑에서 태어난 보카치오는 어렸을 때부터 시를 지으며 남다른 총명함을 보였다. 보카치오의 아버지는 그에게 상업을 가르치기 위해 나폴리로 보냈으나, 문학에 관심이 많았던 보카치오는 지식인들을 만나 정서적 생활을 하며 문학 공부에만 전념하게 되었다. 그러자 그의 아버지는 다시 법학을 공부시키기 위해 나폴리 대학에 입학시켰으나 오히려 법학자이자 시인인 단테의 친구 피노 다 피스토이아를 만나면서 단테의 작품을 깊이 공부하게 되는 계기가 되었다. 그러던 중 아버지의 사업이 파산하게 되었고 연이어 어머니가 사망하게 되면서 보카치오는 다시 고향인 피렌체로 돌아와 본격적으로 작품 활동을 시작하였다.

보카치오가 피렌체로 돌아오기 전인 1348년에는 유럽 전역에 흑사병이 유행하였고, 피렌체 역시 흑사병이 유행하여 수많은 시민이 죽었으며, 보카치오의 아버지 역시 흑사병으로 인해 사망하게 되었다. 이를 계기로 보카치오는 그의 대표작인 데카메론을 집필하기 시작하였고 장기간에 걸쳐 창작하여 1353년에 완성하여 발표하게 되었다. 당시 보카치오의 작품을 읽은 인문주의 문단의 반응이 냉담했던 것과 달리 거리의 변사들을 비롯하여 외국에서도 데카메론에 관해 이야기할 정도로 일반 시민들에게 폭발적인 인기를 얻었을 뿐만 아니라, 그의 학식과 재능을 정부로부터 인정받으면서 교황이나 여러 영주의 사절로 파견되기도 하였다. 인문주의자로 활동하던 보카치오는 1350년에 밀라노에서 만난 페트라르카와 즐겁게 보내며 두터운 우정을 쌓았으며, 많은 영향을 받았다. 그 후, 보카치오는 그리스 문학과 사상뿐만 아니라 라틴 작가들의 작품을 발굴하고 초기 인문주의 문화 형성에도 많은 영향을 끼치게 되었다. 특히, 1360년 이후에는 보카치오의 집이 추종자들이 만나는 장소로 활용되면서 초기 인문주의의 중심지가 되기도 했다.

데카메론이 나온 초창기에는 인문주의 문단의 냉대를 받았으나 그 이후에는 보카치오가 인문주의 문화에 영향을 끼칠 정도로 높은 평가를 받은 것으로 보아, 데카메론을 기준으로 그 전후 보카치오에 대한 평가가 달라지는 것을 볼 수 있다.

보카치오는 작품 활동을 하면서도 꾸준히 고전에 관한 연구와 단테에 관한 연구를 지속해왔다. 1362년 점쟁이의 예언을 듣고 그 말을 그대로 믿었던 그는 은둔 생활로 들어가 고전 연구를 그만두려 하였으나 1350년대부터 우정을 이어오던 페트라르카의 권유로 연구를 지속하였고, 1373년부터는 피렌체 정부의 요청으로 단테 〈신곡〉 강의를 하며 지냈다. 그러나 1374년 페트라르카의 죽음과 질병으로 인해 건강이 악화하면서, 강의를 중단하고 체르탈도에서 은둔 생활을 하다 1375년 12월 마침내 숨을 거두었다.

보카치오의 생애 및 주요 작품 목록을 보면 다음과 같다.

[보카치오의 생애]

1313년(추정)	피렌체의 부유한 사업가인 보카치오 디 켈리노의 사생아로 출생
1326년	아버지의 나폴리 은행 이직으로 나폴리로 이사
1338년	아버지의 파산, 어머니의 사망
1341년	피렌체로 돌아온 후 작품 활동을 시작
1349년	흑사병으로 인한 아버지의 사망
1350년	피렌체 정부에서 근무, 이탈리아의 3대 시인, 페트라르카와의 만남
1374년	페트라르카의 사망으로 인한 체르탈도로 은거
1375년	사망

[보카치오의 주요 작품 목록]

1334년~1337년	카치아 디 디아나(Caccia di Diana)
1336년~1339년	필로콜로(Filoccolo)
1338년	필로스트라토(Filostrato)

1340년~1341년	테세이데(Teseide)
1342년~1343년	닌팔레 다메토(Ninfale d'Ameto)
1342년~1343년	아모로사 비시오네(Amorosa visione)
1343년~1344년	피아메타(Fiammett)
1344년~1345년	닌팔레 피아소라노(Ninfale fiesolano)
1348년~1353년	데카메론(Decameron)
1351년~1356년	치발도네 말리아베키아노(Zibaldone Magliabechiano)
1355년	유명한 남성들의 운명(De Casibus Virorum Illustrium)
1361년~1362년	유명한 여성들에 대해(De mulieribus claris)
1365년경	코르바치오(Corbaccio)

2. 보카치오의 〈데카메론〉

르네상스 인문주의자들은 전통적 인간관을 수용하고 인간의 가치와 존엄성을 강조하였다. 보카치오 역시 운명을 개척해 나가는 인간의 자유의지와 능력을 높이 평가하면서 인간의 존엄성을 논하며 르네상스 인문주의자들의 인간관을 보여주고 있다.

보카치오의 초창기 작품은 여느 르네상스 초기 인문학자들과 같이 라틴어로 쓰였으나 단테와 흑사병에 대한 경험이 보카치오의 문학 활동에 영향을 미치면서 이탈리아어로 된 데카메론이 창작되었다. 이러한 사실을 보카치오가 데카메론 서문에서 "이 책이 고통을 당하고 있는 사람, 특히 여성들에게 위안을 주고, 즐거움뿐만 아니라 유용한 충고를 제공하기 위해 집필하게 됐다."라고 설명하면서 작품을 쓰게 된 이유와 목적을 이야기하고 있다.

또한, 보카치오는 자신이 경험한 1348년 흑사병이 휩쓴 피렌체에 관해서 그의 책 데카메론의 첫 번째 날, 첫 번째 이야기의 서두에 자세히 설명함으로써 당시 흑사병에 걸려 속수무책으로 죽어가는 사람들에 대한 연민과 죽음이 두려워 쾌락주의로 빠져들어 가는 사람들로 인해 무너지고 있는 사회 질서를 재현하고자 했다. 이를 통해, 보카치오는 현실의 성질이 단순하거나 한 방향이거나 제한적이지 않다는 것을 반영하였고, 마지막 날 이야기를 통해서는 인간의 타고난 다양함이 가치 있는 방향으로 흘렀으면 하는 자신의 소망을 담아 보여주고 있다.

데카메론에는 사랑을 주제로 하여 서정시를 쓰던 보카치오의 문학 철학도 담겨있다. 보카치오는 인간을 신과 이어주는 천사로 여기던 당시 사람들과 달리 단순한 인간으로 바라보았기 때문에 법과 관습을 넘어 성적인 열정이 가득한 육체적 사랑부터 숭고한 사랑까지 다양한 모습으로 사랑을 제시하고 있다. 따라서 10일간의 100개의 이야기를 통해 보카치오는 사랑이 세속적인 인간의 감정의 일부이며 행복의 원천이 될 수도 있으나, 한편으로는 절망과 고통, 배신, 질투 등의 부정적인 감정의 원천이 될 수 있다는 것을 보여주고 있다.

이를 종합해 보면, 인간의 자유의지를 중심으로 인간의 존엄성을 중요하게 생각하던 보카치오는 자신의 작품 데카메론에 그러한 인간관을 그대로 반영하여 윤리적, 종교적, 신학적 문제를 내세우지 않고 그가 직접 경험했던 인간적인 내용과 다양한 사람들의 삶의 모습을 사실적으로 전하려고 하면서 어떠한 경험도 관대히 포용하려 노력했다. 그로 인해 데카메론은 한때 금서로 지정되기도 하였지만, 그만큼 당시 사회의 모습을 사실 그대로 묘사하였다는 점과 각기 다른 내용으로 이야기하고 있지만, 날짜별로 공통적인 주제를 가지고 이야기가 전개된다는 점은 데카메론만의 특징이라고도 할 수 있다.

1. 데카메론의 의미와 유래

데카는 '10(일)', 메론은 '이야기', 즉 10일간의 이야기라는 뜻을 가지는 데카메론은 조반니 보카치오(1313~1375)가 흑사병으로 인해 아버지의 죽음을 경험하고 직접 피렌체에서 수많은 사람이 흑사병으로 죽어가는 모습을 보며 쓴 작품이다. 당시 사람들은 죽음에서 오는 두려움으로 인해 일반 시민은 물론이고 성직자들까지 편견과 미신에 신경 쓰지 않고 단지 욕구에 충실하여 부도덕하고 음탕한 생활을 이어갔다. 이러한 상황을 보카치오가 데카메론이라는 작품을 통해 그대로 재현하고자 하였다. 그 내용을 간략하게 살펴보면 다음과 같다.

흑사병이 퍼진 도시의 한 성당에서 귀부인 일곱 명(팜피네아, 필로메나, 네이필레, 피암메타, 엘리사, 라우레타, 에밀리아)이 모여 살아남기 위한 대책을 강구하던 중 피난을 도와줄 건장한 남자들의 필요성을 절감하게 된다. 때마침 세 명의 청년(필로스트라토, 디오네오, 팜필로)이 성당에 들어오게 되면서 같이 피렌체 교외의 큰 별장으로 피난을 간다. 별장에 도착한 그들은 지루함을 달래기 위해 2주 동안(수난일인 금요일과 휴식을 취하는 날인 토요일 제외) 10편씩 이야기를 하게 되었다.

데카메론이 가지는 의의는 여러 가지로 설명할 수 있다. 그중에서도 첫째, 이 작품은 당시 사회상을 고발하고 있다. 보카치오는 당시 부패했던 사회상과 쾌락주의에 빠져있던 사람들의 삶을 고발함으로써 개선하고자 하는 의지를 보여준다는 점에서 새롭게 평가되고 있다. 둘째, 르네상스의 인본주의적 성격을 가지고 있어, 이전에 찾아보기 힘들었던 인간 중심의 이야기를 담고 있다는 점에서 의의가 있다. 셋째, 당시 이탈리아 인문학자들은 라틴어로 문학 작품을 썼으나, 보카치오는 단테의 영향을 받아 이전 작품과 달리 이탈리아어로 데카메론을 썼다. 그러므로 이탈리아어로 쓰인 최초의 산문 작품이라는 것에 의의가 있다.

즉, 데카메론은 근대적이고 사실주의적인 산문이고 이탈리아어로 써진 최초의 작품이며, 인간을 주제로 내용을 전개하고 있다는 점에서 신앙을 중시하던 중세와는 다른 근대의 인간적인 자각을 연 소설이라 높이 평가받고 있다.

2. 데카메론의 전개 방법과 특징

보카치오는 떠돌아다니는 이야기와 에피소드들, 그리고 자신의 소설 등에서 썼던 것들을 통해 당시 시대를 풍자하는 내용을 다뤘다. 데카메론에 담겨있는 100개의 이야기는 모두 다른 내용으로 구성되어 있으나 공통으로 성적인 내용을 중심으로 이야기가 전개되고 있다. 이는 인간의 삶 중 이상적인 면들만 보여주는 것이 아니라 쾌락주의에 물들어 있는 당시 현상과 사회 여러 계층의 문제를 사실 그대로 묘사하고 있다는 특징이 있다. 즉, 보카치오는 예술론에 입각된 통일성을 보여주고 100개라는 많은 양의 이야기를 통해 인간의 한계를 보여주고 있다.

이러한 데카메론은 액자의 틀에 해당하는 1348년 피렌체 외곽에 있는 시골 별장과 전개되는 배경이 모두 다른 액자 속 이야기들의 액자 구조로 구성되어 있다. 즉, 흑사병이 액자 속 이야기를 할 수 있는 10명의 화자가 한곳에 모일 수 있는 계기로 사용되었다. 액자 속 이야기의 배경은 이야기마다 등장하는 선술집, 농가, 저택, 화려한 방 등이 모두 해당한다. 이러한 액자 구조로 인해 데카메론은 다층적인 서술 구조로 이루어진다. 머리말과 맺음말 그리고 이야기 시작하기 전 도입부는 보카치오, 즉 공적 화자에 의해 서술되고 있으며, 작품 속 이야기는 10명의 젊은 남녀에 의해 서술되고 있다.

앞서 이야기한 대로 보카치오는 단테의 영향을 굉장히 많이 받았다. 그래서인지 데카메론의 도입부나 액자 구조, 이야기 시작과 끝에 화자가 개입하는 것을 포함하여 데카메론에 전체적으로 보이는 성직자들의 타락한 삶에 대한 비난 등 단테의 신곡에서 인용된 이야기와 어휘, 표현, 이미지가 자주 보인다.

데카메론은 크게 기독교, 여성성, 리얼리즘이라는 3가지 주제를 포함하고 있다. 먼저, 보카치오는 근대소설의 선구자로 평가될 만큼 기존의 중세 문학과 달리 가톨릭의 성직자와 수도자가 종교인으로서의 본분을 망각하고 음탕하고 문란한 성생활에 젖어 사람들을 속이고 원초적인 욕망을 채우는 모습으로 묘사하면서 타락한 기독교 세계를 풍자하고 있다. 하지만 그렇다고 해서 기독교를 부정하고 있는 것은 아니다.

둘째, 데카메론에서 여성에 대한 시각은 일관성이 부족하다.

보카치오는 데카메론에서 알리베크의 은유적인 관능적 사랑(3-10), 신분의 차이로 가족에 의해 애인을 잃은 리사베타(4-5)와 기스몬다(4-1)의 비극적인 사랑, 그리셀다의 관대하고 숭고한 사랑(10-10), 귀머거리 벙어리인 척하면서 수녀들과 사랑을 즐겼던 마제토의 본능적인 사랑(3-1), 시몬의 우화적인 사랑(5-1), 페데리코 델리 알베리기의 사랑하는 여인에 대한 아낌없는 사랑(5-9) 등을 이야기하면서 자신이 생각하고 있는 여성성을 이야기하고 있다. 즉, 이야기를 통해 여성들은 의심과 겁이 많고, 변덕 또한 많아서 남자의 도움이 없으면 성장을 할 수 없다고 표현하고 있다. 또한, 여성의 빼어난 미모로 인해 남자들이 욕정을 느낀다고 표현함으로써 여성을 비하하기도 하였다. 그와 반대로 남성의 무례한 행동에 대해서 현명한 언행으로 훈계를 했다는 내용을 보여줌으로써 과거와 달리 높아진 여성의 지위를 보여주기도 하였다. 즉, 데카메론에서는 여성에 대한 이중적인 시각이 존재하고 있으나, 공통으로 여성들은 남성의 사랑을 얻기 위해 용기를 내어 행동하고 있다는 점에서 보카치오가 말하는 여성의 해방이 성적 욕망으로부터의 해방으로만 그친다는 한계점이 존재한다.

3. 중세 문학과 데카메론의 차이

중세 문학과 데카메론은 다음과 같은 차이가 나타난다.

[중세 문학]

- 그리스도교의 신을 중심으로 한 문학이 대부분이다.
- 내세의 삶에 의미를 둔다.
- 신본주의 성격을 띤다.
- 교회의 절대적인 권위 밑에서 유럽이 통일되었다고 믿는다.
- 교회의 엄격한 교리 밑에서 이루어졌다.
- 용기와 충성을 미덕으로 왕과 기사의 이야기, 성경의 교리에 관한 이야기를 다룬다.

[데카메론]

- 모든 종교는 대등한 권위를 가지고 있다고 한다.
- 인본주의 성격을 띤다.
- 르네상스 이념을 반영하여 인간의 삶을 묘사한다.
- 교회 성직자에 관한 비판과 풍자를 다룬다.
- 다양한 인물이 등장하고 사랑, 이해, 욕망을 중심으로 이야기를 다룬다.

데카메론은 기존의 중세 문학과 달리 기독교를 비판하고 풍자하고, 신본주의적 이념이 반영되지 않고 인본주의적 성격을 나타내고 있다는 점에서 기독교적인 윤리관에 어긋난 작품으로 평가되었다. 그러한 이유로 보카치오는 제대로 된 평가를 받지 못했으나, 오늘날에 이르러 재평가되면서 근대소설의 선구자로 평가받고 있다.

보카치오는 데카메론 속 단편 이야기를 통해 흑사병으로 힘들어하던 당시의 사람들에게 존재하는 것 그 자체만으로 가치가 있으므로 자신의 삶을 사랑할 수 있어야 한다고 표현하였으며, 성직자를 비판함으로써 우리가 살아가고 있는 인간의 삶이 도덕적인 관점에서 정상적인 것이 되도록 유지할 수 있어야 한다고 글을 통해 말하고 있다.

첫째 날 : 10명의 남녀가 나누는 자유로운 이야기

팜피네아의 사회로 열 명이 한자리에 모인 배경을 설명한 후, 하루 중 가장 더운 오후 시간에 다시 모여 자유로운 주제로 각자 본인들이 좋아하는 이야기를 하며 즐겁게 보낸다. 성직자의 문란한 생활에 대한 비판적인 내용이 주를 이루고 있으며, 성생활에 대해서는 적나라하게 묘사하고 있다. 또한, 여성을 남성의 성욕 해소 대상으로 묘사하며 비하하고 있다.

첫째 날 1번째 이야기

무샤토가 교황의 부름으로 길을 떠나기 전 부르고뉴 사람들에게 빚을 거둬들여야만 했다. 그 일을 어려워하던 무샤토는 극악무도한 사람으로 알려진 차펠레토에게 제안하였고, 그는 흔쾌히 제안을 받아들여 본성을 숨기고 빚을 거둬들이기 시작한다. 그러던 중 차펠레토가 병이 들자, 평소 그를 존경했던 형제는 그가 교회에 묻힐 수 있도록 참회했다고 거짓말을 한다. 결국, 차펠레토가 죽자 교회는 그를 위해 성대한 장례를 치렀고 그는 지금까지도 성 차펠레토라 칭해지고 있다.

첫째 날 2번째 이야기

장노라는 상인은 부유한 유대인인 아브라함이 기독교를 믿지 않자, 걱정되어 기독교로의 개종을 권하였고, 아브라함은 로마의 성직자를 보고 결정하겠다고 대답한다. 그러자 장노는 잘못된 성직자들의 삶을 보고 개종하지 않을까 걱정하였으나 아브라함은 오히려 음탕하고 욕심쟁이 같은 로마 성직자의 모습을 보고 장노의 걱정과는 다른 선택을 한다. 아브라함은 오히려 그 모습이 더 진실하고 성스럽다고 느껴 개종하였고 이후 선량하고 훌륭한 사람이 되어 신앙심이 충만한 생활을 했다.

---

* 지면의 한계로 장편인 데카메론의 100가지 이야기를 최대한 압축 정리하였다. 그로 인해, 앞뒤 이야기 상황의 이해가 어렵거나, 자세한 이야기를 살펴보고 싶은 독자는 별도의 데카메론 이야기 서적을 살펴보길 권장한다.

첫째 날 3번째 이야기

낮은 신분에서 바빌론의 군주까지 된 살라디노는 사치스러운 생활을 하면서 재산을 탕진하게 된다. 돈이 필요해서 고심하던 중 멜기세덱이라는 고리대금업자가 떠올라 그에게 종교 이야기를 꺼내며 돈을 빌리려고 한다. 그러자 멜기세덱은 한 남자가 세 아들에게 똑같은 반지 3개를 물려줬으나, 오히려 그 반지로 인해 아버지의 유산 다툼이 지금까지 계속되고 있다고 이야기하며 피해간다. 이에 살라디노는 솔직하게 말하였고 멜기세덱이 흔쾌히 그 요청을 들어주면서 명예로운 지위에 앉게 되었다.

첫째 날 4번째 이야기

육욕에 취한 루니자나의 한 젊은 수도사가 수도원 근처 농부의 딸과 즐기는 모습을 본 원장은 젊은 수도사를 처벌할 방법을 고민한다. 그러나 원장의 이러한 생각을 알고 있던 젊은 수도사는 꾀를 내었고 젊고 아름다운 여성의 모습을 본 원장이 오히려 욕정에 사로잡히게 되었다. 이후 원장은 젊은 수도사를 처벌하려고 하였으나, 수도사가 원장이 모범을 보여서 한 행위를 자신도 따라 할까 한다고 얘기하니 원장은 양심의 가책을 느껴 수도사를 용서하였다.

첫째 날 5번째 이야기

몬페라토 후작 부인이 아름답다는 이야기를 들은 프랑스 왕은 십자군 원정을 구실로 후작 부인을 만나고자 신하를 통해 식사 시중을 들어 달라고 요청하고 부인은 왕의 행동을 의심했으나 모시겠다고 응답하였다. 왕은 상상보다 더 미인인 후작 부인의 미모를 보고 욕망에 타오른다. 식사에 암탉 요리만 나오는 것에 이상함을 느끼고 부인께 물었다. 그러자 부인은 여자는 신분과 복장이 다르더라도 속은 같다는 대답을 하였고, 후작 부인의 의중을 알아차린 왕은 단념하고 인사만 남기고 남은 여정을 떠났다.

첫째 날 6번째 이야기

성 프란체스코파의 한 수도사인 심문관이 자기 집에 예수님도 마실 만한 훌륭한 포도주가 있다며 돈 많은 호인이 떠드는 소리를 듣고 화형에 처해야 한다고 호통을 쳤다. 그 말에 겁먹은 호인이 심문관에게 금화를 쥐여 준 덕분에, 그의 집에서 유숙하게 되었다. 그러던 어느 날, 호인이 미사를 드리다 미사 내용 중 '하나에 대해서 백을 얻고 영원한 생명을 얻으리라'라는 소리를 듣고, 신부님들이 저세상에 가면 가르침에 의해 비참한 삶을 살까 걱정된다고 말하자, 심문관은 자신들의 위선을 비꼰다고 생각하여 호인의 출입을 금하였다.

첫째 날 7번째 이야기

이탈리아에서 유명한 귀족인 카네는 호화로운 파티를 위해 많은 명사를 초대했으나 갑자기 계획을 변경하여 공연을 취소하고 이미 도착한 사람들을 보상해서 돌려보낸다. 그러나 말을 아주 잘하는 베르가미노는 득이 될 일을 찾으며 머무르다가 숙박료로 세 벌째 옷을 내주고 끝내 카네를 찾아간다. 베르가미노는 자신의 상황을 빵 세 개를 들고 훌륭한 수도사를 찾아간 프리마소 이야기에 빗대어 말하고, 카네는 그 이야기를 듣고 웃으며 훌륭한 옷과 노잣돈, 말까지 내주며 원하는 만큼 머물러도 좋다고 말했다.

첫째 날 8번째 이야기

14세기, 선량한 사람을 악행으로 이끄는 일이 다반사로 일어났던 제노바에 막대한 재산을 소유한 에르미노가 살고 있었다. 그는 돈을 쓰기 싫어 궁핍한 생활을 하고 절약하며 살아왔다. 그러던 어느 날, 당시 궁정인들과 달리 품행이 바르고 훌륭한 궁정인 굴리엘모가 제노바에 오게 되어 에르미노와 만나게 된다. 그때, 에르미노가 그 궁정인에게 누구도 본 적이 없는 그림을 응접실에 걸고 싶다고 말하자 굴리엘모는 호화로운 기품을 그려서 걸라고 대답하였다. 이날 이후로 에르미노는 마음을 고쳐먹고 호기롭고 아량 있는 귀족이 되어 시민들을 극진히 대접했다고 한다.

첫째 날 9번째 이야기

그리스도의 묘지를 참배하고 돌아오는 길에 키프로스 섬에서 모욕을 당한 귀족 부인은 국왕에게 호소하고자 하였으나, 어떤 사람이 왕은 무기력하다고 이야기하며 업신여기는 말을 듣게 된다. 그래서 귀족 부인은 처벌보다는 화풀이를 위해 왕을 찾아가 "왕을 본받아 참아보려 했으나, 가능하다면 참을성 많은 왕께, 저 자신이 당한 모욕을 드리고 싶다."라고 말하였다. 이 말은 들은 왕은 정신을 차리게 되었고 왕의 명예를 조금이라도 훼손하는 자가 있으면 엄하게 벌을 내렸다고 한다.

첫째 날 10번째 이야기

일흔이 넘은 유명한 의사 알베르토는 어느 날 기솔리에리라는 미망인을 만나 마음을 빼앗기게 되었고, 그 후로 미망인의 집 주변을 어슬렁거리곤 했다. 그 사실을 안 미망인과 부인들은 늙은 의사를 놀리기 위해 그를 미망인의 집으로 끌어들인다. 부인들은 젊고 잘생긴 남자들이 미망인을 좋아하는 걸 알지 않느냐며 그를 모욕하려고 하나, 늙은 의사는 다른 부인들이 루핀 콩 같은 걸 먹을 때 영양가 없는 잎을 먹던 것처럼 연인을 고르는 거면 젊고 잘생긴 남자가 아닌 자신을 골라야 하는 것이 아니냐고 부인들을 꾸짖었다. 그 말을 들은 미망인은 늙은 의사 알베르토에게 자신을 사랑해 달라고 부탁하였다.

둘째 날 이야기 : 고생 끝에 찾아온 행복

사회를 맡은 필로메나는 고생 끝에는 행복이 찾아온다는 주제로 이야기를 진행해 나간다. 이야기 속 주인공들은 대부분 여행길에서 온갖 고난을 겪었으나, 결국 행복한 결과를 얻는다. 그리고 팜피네아와 마찬가지로 여성을 남성의 성욕 해소 대상으로 묘사하고 있다.

둘째 날 1번째 이야기

신앙심이 깊은 배달꾼인 하인리히가 죽었을 때 시내 교회의 모든 종이

울렸다고 한다. 그리하여 사람들은 하인리히를 성인이라고 말하고 그를 따르기도 한다. 트레비소를 찾아온 세 명의 광대가 그 소문을 듣고 교회에 들어가기 위해 불구인 척 연기까지 하였다. 그러나 불구를 연기했던 마르텔리노를 알고 있던 사람으로 인해 정체가 밝혀지고, 이후 상황이 위태로워지자 친구들은 소매치기로 마르텔리노를 신고한다. 관저로 끌려간 그는 소매치기라는 오해로 교수형을 받을 위기에 처하지만, 두 친구가 시장의 총애를 받는 산드로를 찾아가 사실을 말하고 위기를 모면하게 된다.

둘째 날 2번째 이야기

리날도가 일을 보러 볼로냐에 갔다 돌아오는 길에 나그네들(사실 그들은 강도나 마찬가지였다.)을 우연히 만나 동행하며, 여행할 때 성 줄리아노님의 은혜로 인해 재난을 피하고 좋은 숙소에서 묵었다는 이야기를 나누던 중 강가에 도착한다. 그때 갑자기 동행하던 강도들은 리날도의 소지품과 옷을 빼앗아 달아났고, 때마침 근처에 살고 있던 미망인이 그를 보고 따뜻한 물에 몸을 녹이게 도와준다. 목욕을 마친 리날도의 외모에 미망인은 욕정에 사로잡혔고 날이 새도록 둘이서 욕정을 채운다. 한편, 강도들은 다른 강도질을 하다 붙잡혀 교수형을 받게 되었고 리날도는 잃었던 물건을 찾게 된다. 이 모든 결과에 대해 리날도는 하나님과 성 줄리아노 님께 감사함을 느끼며 무사히 집으로 돌아왔다.

둘째 날 3번째 이야기

테달도의 조카였던 알렉산드로는 재산을 탕진하고 피렌체를 떠나 영국으로 건너가 고리대금업을 하던 삼촌들의 일을 맡아 하면서 삼촌들의 생활비를 보내주고 있었다. 그러던 중 영국의 국왕과 왕자의 전쟁으로 인해 귀족들의 재산이 몰수되고 결국 사업이 망해 알렉산드로는 이탈리아로 돌아가기 위한 여정을 떠난다. 여정 중에 우연히 수도원장의 일행과 합류하게 되었다. 어느 날 수도원장은 알렉산드로와 사랑에 빠졌고, 이윽고 교황에게까지 그를 소개하였다. 이후 알고 보니 수도원장은 왕녀였고, 되돌릴 수 없는 상황에 두 사람의 결혼식이 거행된다. 백작이 된 알렉산드로는 스코틀랜드까지 정복하여 왕위에 올랐다고 전해진다.

둘째 날 4번째 이야기

란돌포라는 부자는 재산을 더 늘리기 위해 섬으로 찾아가 해적질로 재산을 모아 고향으로 돌아가는 길에 상선을 만나 오히려 약탈당하고 붙잡혀 갔다. 그러나 상선은 출항한 후 폭풍으로 산산조각이 났고 란돌포는 궤짝에 매달려 코르퓨라는 섬에 닿았다. 그때 란돌포는 가난해 보이는 여자를 만나 그녀의 간호로 기운을 차리게 되고, 그녀는 그에게 그가 타고 온 궤짝을 돌려준다. 궤짝 안에는 엄청난 보석들이 있었고, 그것을 들고 고향으로 돌아온 란돌포는 자신에게 도움을 주었던 이들에게 사례금을 보내 주었고 남은 돈으로 안락한 여생을 보냈다.

둘째 날 5번째 이야기

말 거간꾼인 안드레우초는 말을 사기 위해 길을 떠난다. 말 시장에 도착하여 말을 사기 위해 금화를 내보이자, 돈을 본 시칠리아 여자가 거짓말로 자신의 집에 그를 불러들여 그의 돈을 훔쳤다. 그녀의 말을 믿었던 안드레우초는 속았음을 깨닫고 몸을 씻으러 바다로 가는 길에 도둑들을 만나 함께 대주교의 무덤을 털게 되었다. 그가 무덤에서 자신의 몫으로 먼저 반지를 챙긴 후 보석을 밖으로 내주자 물건을 챙긴 도둑들은 무덤의 뚜껑을 닫아 그를 가두고 가버린다. 그때 마침 수도사와 함께 다른 도둑 무리가 보석을 훔치기 위해 무덤으로 들어왔고, 그는 기지를 발휘해 수도사의 다리를 잡아당기게 된다. 도둑들이 혼비백산하여 뚜껑을 열어둔 채 도망쳤고, 그는 무사히 빠져나올 수 있었다.

둘째 날 6번째 이야기

아르게토는 망명을 준비하다 투옥당하게 되고, 친정으로 떠났던 부인을 제외한 유모와 아이들은 해적들에 의해 과스파르린의 집 노예로 팔려 간다. 혹독한 노예의 삶이 싫어 그 집을 뛰쳐 나온 잔노트(주스프레디의 다른 이름)는 쿠라도의 집에서 일하면서 그의 딸 스피나와 사랑에 빠졌으나, 이를 안 쿠라도는 두 사람을 각각 감옥에 가두었다. 그러던 어느 날, 피에로 왕이 샤를 왕에게서 섬을 탈취했다는 소식을 들은 잔노트가 자기 신분을 밝히고 스피나와 약혼을 하게 된다. 이후 가족들과 재회하게 되고 하나님의 은혜에 감사하며 하나님의 충실한 종으로 행복하게 살았다.

둘째 날 7번째 이야기

바빌로니아의 술탄에게는 절세미인인 알라티엘이라는 공주가 있었다. 공주를 이웃 나라 가르보 왕에게 출가를 보내는 과정에 배가 부서져, 시녀와 공주만 살아남아 마조르카섬에 떠밀려 간다. 그 섬에는 공주의 미모에 반한 여덟 명의 남자가 있었는데, 이들은 공주를 차지하기 위해 서로 싸웠으며 싸움에서 살아남은 사람이 공주와 잠자리를 가지며 살았다. 그러던 중 우연히 아버지 술탄을 섬기던 귀족 안티고누스를 만나 구조를 받게 되고, 공주는 그간의 일을 모두 이야기하였다. 그 이야기를 들은 안티고누스는 공주가 타지 사람에게 잡혀갔으나 수도원에서 정숙한 생활을 했다고 거짓을 말한다. 술탄은 기뻐하며 가르보 왕에게 시집을 보내고 공주는 왕비로서 행복하게 살았다고 한다.

둘째 날 8번째 이야기

프랑스 왕과 왕자는 전쟁에 나가기 위해 괄티에리 백작에게 나라를 맡기고 떠난다. 왕자비는 백작 괄티에리에게 연정을 품고 고백하였으나 백작이 이를 거절하였고, 백작은 결국 자녀들과 도망 다니는 신세가 되었다. 백작의 딸은 어느 귀부인이 거두어 키우게 되었고, 아들은 국왕의 군단장에게 맡겼으며, 자신은 하인 생활을 하며 지낸다. 18년 뒤 백작은 자신의 아이들이 보고 싶어 찾아갔고, 딸의 집에 머물게 되었다. 그러던 어느 날 죽음을 앞둔 프랑스 왕비가 자신의 죄를 고백하면서, 백작은 자신의 신분을 밝히게 되고, 재산과 지위를 되찾아 가족들과 함께 영광스러운 생활을 하게 된다.

 파리의 어느 여관에서 상인들끼리 자신들의 아내에 관하여 이야기하고 있었다. 그 중 베르나보라는 사람은 그들과 상반된 이야기를 하며 자신의 아내를 믿었고, 상인 중 한 명인 암브로주올로는 베르나보의 아내를 석 달 안에 손에 넣겠다는 내기를 한다. 이후 암브로주올로는 가난한 여성의 도움을 받아 베르나보 부인의 신체 일부를 몰래 보고 소지품을 훔쳐 가져와 내기에 이겼다고 거짓으로 선언하였다. 이에 분노한 베르나보는 부인을 살해하도록 하였으나 하인은 그렇게 하지 못하고 부인을 도피시켰으며, 부인은 도피 생활 중 술탄의 눈에 들어 경비대장으로 일을 하게 된다. 그러던 중 암브로주올로가 남편을 조롱하는 말을 듣고 술탄이 암브로주올로를 처벌하게 했고, 베르나보 부부는 암브로주올로의 재산을 받아 큰 부자가 되어 고향으로 돌아갔다.

 부자였던 리차르도라는 재판관은 육체의 힘은 없었으나 학문을 하는 것과 똑같이 한다면 아내를 만족시킬 수 있다고 생각하여 젊고 아름다운 여자를 부인으로 맞으려고 애썼다. 그리고 결국 젊고 아름답지만, 바람기 많은 여자를 아내로 맞게 된다. 재판관의 아내는 그에게 만족하지 못한 생활을 지속하고 있었다. 그러던 어느 날, 리차르도는 아내의 기분을 풀어주기 위해 놀러 갔다가 해적 파가니노를 만나 결국 재판관의 아내가 붙잡혀 갔고 해적 파가니노와 아내, 두 사람은 서로에게 만족하며 함께 지낸다. 파가니노의 거처를 알아낸 리차르도가 아내를 찾아갔으나 해적의 아내가 된 그녀는 그를 따라가길 거부한다. 리차르도는 젊은 아내를 맞이했던 자신의 어리석음을 깨닫고 슬픈 마음으로 집으로 갔다.

셋째 날 이야기 : 목표를 위한 노력
 자기가 바라던 것을 노력하여 얻게 되는 이야기 혹은 잃어버렸던 것을 되찾는 이야기를 중심으로 네이필레에 의해 진행되고 있다. 주인공이 겪는 모든 일을 자세하게 묘사하고 있어 이야기들이 전체적으로 생생하게 느껴진다.

셋째 날 1번째 이야기

한 정원사가 마제토라는 젊은이에게 자신이 근무하던 수녀원에 관해 이야기했고, 이야기를 들은 마제토는 젊은 수녀들과 생활하고 싶은 생각에 벙어리 흉내를 내어 수도원에 들어간다. 어느 날 두 수녀가 쉬고 있는 마제토를 데리고 마구간에 가서 교대로 즐겼고 이후 그 사실을 안 다른 수녀들과도 번갈아 가며 즐기게 되었다. 이러한 사실을 몰랐던 수녀원장도 마제토의 몸을 보고 욕정에 사로잡혀 며칠 동안 즐거움을 맛보았고, 많은 수녀를 감당하기 힘들었던 마제토는 벙어리 흉내를 그만두고 하소연을 하게 된다. 그 뒤 수녀원장과 수녀들로 인하여 수도원에서 돈을 잔뜩 벌고, 아이를 기르는 고통도 모른 채 아버지가 되었고, 나이가 들어 집으로 돌아왔다. 이에 마제토는 자신이 성공할 수 있었던 것은 예수님 덕분이라며 입버릇처럼 말했다.

셋째 날 2번째 이야기

테우텔링가 왕비를 사랑하게 된 젊은 마부는 희망이 없다고 죽을 방법을 고민하던 중, 어차피 죽을 거 왕비와 잠자리를 하고 죽겠다고 결심한다. 그리고는 왕인 척하며 왕비의 몸을 탐하고 떠난 뒤, 왕비를 찾아온 왕이 그 사실을 알게 되어 범인을 찾으러 다닌다. 왕은 유난히 가슴이 두근거리는 마부가 범인임을 안 뒤 그의 머리카락을 조금 잘라 표시해 두었으나 마부는 왕이 한 행동을 알아차리고, 하인들 모두의 머리카락을 조금씩 잘랐다. 왕은 범인을 찾을 수 없게 되었지만, 복수를 위해 수치를 당할 필요는 없다고 생각해 호통만 치고 그만둔다. 다른 하인들은 무슨 뜻인지 몰랐으나 마부는 그 뜻을 알아듣고 다시는 그런 일에 목숨을 걸지 않았다.

셋째 날 3번째 이야기

남편을 경멸하고 있던 귀족 출신 부인은 다른 중년 신사에게 마음을 빼앗겨 힘들어하던 중, 그가 수도사와 친하다는 사실을 알고 수도사에게 고해성사를 한다. 그 수도사는 부인의 이야기를 듣고 그가 누군지 눈치채고 기부와 희사를 부탁하고, 문제의 남자에게는 추파를 보내지 말라며 충고를 한다. 신사는 수도사의 이야기를 듣고 부인의 집에 갔고, 부인은 창가에서 교태를 부렸다. 부인은 사랑의 열매를 맺을 때라 여겨 처음과 같이 수도사를 찾아가 고해성사를 함으로써 신사에게 이야기를 전했고, 그 중년 신사는 부인의 남편이 집을 비운 사이에 부인의 침실로 찾아갔고, 두 사람은 어리석은 남편을 비웃으며 욕정을 불태웠다.

셋째 날 4번째 이야기

모두 광신도라고 부를 만큼 푸초는 독실한 신앙생활을 하였다. 그러던 중 젊은 수도사인 돈 펠리체가 파리에서 오고 푸초는 그를 자주 집으로 초대하여 음식을 대접하였다. 그러던 중 수도사와 푸초의 아내는 서로에게 욕정을 느꼈고, 수도사는 기회를 만들기 위해 푸초에게 빨리 성인이 되기 위해선 부인을 비롯한 여성과 접촉하지 말고, 아침부터 밤까지 기도해야 한다고 하면서 자신과 마주치지 않게 거짓말을 하였다. 부인도 그의 말에 맞장구쳤고, 결국 푸초는 금요일 밤부터 고행을 시작하였다. 그리고 부인과 수도사는 밤마다 찾아가 즐기며 그를 희롱하였다.

셋째 날 5번째 이야기

프란체스코 기사의 부인을 사랑하는 한 청년 치마가 있었는데, 그 사실을 알고 있던 프란체스코는 그의 사랑을 이용하여 말을 받아 내려고 하였다. 치마는 부인과 몇 마디 이야기하게 해 주면 말을 주겠다고 하였다. 이에 프란체스코 기사는 치마가 내건 조건인 두 사람의 대화를 아무도 듣지 못하게 해 달라는 제안을 받아들이며, 부인에게는 어떠한 대답도 하지 말라고 당부하였다. 부인과 마주 앉은 치마는 고백을 했으나 눈물을 흘리며 대답이 없는 부인을 보고 상황을 눈치채고 오히려 자신이 부인인 양 남편이 밀라노를 가면 창문에 수건 두 장을 걸어 두겠으니 그때 내 방에 와 사랑을 즐기자며 말을 이어 나갔다. 그날 이후 프란체스코 기사는 밀라노를 떠났고, 자기 신세를 한탄하던 부인은 마침내 수건을 창문에 걸었고 치마는 기뻐하며 집에 찾아가 부인을 안았다.

셋째 날 6번째 이야기

리차르도라는 귀족 청년은 아내가 있음에도 불구하고 필리펠로의 아내 카텔라라는 여성을 마음에 두고 있었다. 리차르도는 그녀의 호의를 얻기 위해 그녀가 질투심이 강하다는 이야기를 듣고 묘안을 떠올리며 필리펠로가 자기 아내와 정사를 벌이기 위해 목욕탕에서 만나자고 하였다는 거짓 이야기를 흘렸다. 며칠 뒤 리차르도는 목욕탕 주인의 협조를 받아 남편인 척 그녀를 기다렸고 카텔라가 도착하자 남편인 척하며 진한 쾌락을 나누었다. 그 후, 카텔라가 8년을 사랑한 자신보다 다른 여자를 더 사랑해 주는 자신의 남편을 창피주겠다고 소리치며 나가자 리차르도는 내막을 밝히며 카텔라를 달랬고, 그 노력 덕분에 두 사람은 오랜 시간 사랑을 나누게 되었다.

셋째 날 7번째 이야기

테달도는 에르멜리나 부인을 연모하다 연인이 된다. 그러던 어느 날 갑자기 자신을 외면하는 부인에게 상처를 받고, 도시를 떠나 열심히 일하여 큰 상인이 되어 다시 피렌체로 돌아왔다. 그러나 피렌체에서는 이미 자신은 죽은 사람이었고, 에르멜리나의 남편인 알도브란디노가 범인으로 누명을 쓰고 있었다. 놀란 테달도는 숙소로 돌아가 잠자리에 들었으나 잠이 오지 않아 뒤척거리다 진범의 이야기를 들었고, 알도브란디노를 구하기 위해 부인을 찾아가 자신의 신분을 밝혔다. 알도브란디노를 만난 테달도는 그의 형제를 용서하는 대가로 진상을 밝혀 진범을 체포하였다. 그 후 테달도는 원래대로 부자가 되고 부인과도 오랫동안 사랑을 즐겼다.

셋째 날 8번째 이야기

덕과 명성이 높으나 여자를 농락하길 좋아했던 수도원장은 페론도라는 농부의 아내를 보고 홀딱 반한다. 그러던 어느 날 부인은 질투가 심한 남편 때문에 힘들다고 고해성사했고, 수도원장은 그를 연옥으로 보내고 자신과 사랑을 나누자며 부인을 설득한다. 며칠 뒤 수도원을 찾아온 페론도에게 몰래 약을 먹였고, 그 사실을 몰랐던 다른 수도자는 그가 죽은 줄 알고 땅에 묻게 된다. 수도원장은 그를 다시 파내어 지하실에 가두고 자신이 페론도인 척 그의 집으로 가 그의 부인과 즐거움을 나눴다. 그러던 중 부인이 임신한 사실을 알게 되고 그 사실을 감추기 위해 목소리를 바꿔 하느님이 페론도에게 아이를 점지해 주실 거라고 말한 후 동일한 방법으로 페론도를 무덤에 넣었고, 페론도는 무덤에서 깨어나 그간의 버릇을 고치고 아내와 아이와 함께 살았다. 그러나 아내는 기회를 엿보며 수도원장과 밀회를 즐기기도 했다.

셋째 날 9번째 이야기

몸이 좋지 않았던 이스나르라는 백작의 옆에는 항상 의사가 있었고, 그 의사의 딸인 질레트는 백작의 아들인 베르트랑을 사랑하게 되었다. 백작이 사망한 후 파리로 돌아간 베르트랑을 그리워하던 그녀는 아버지에게 배운 기술로 프랑스의 왕을 치료했으며, 그 대가로 베르트랑과 결혼을 할 수 있게 되었다. 그러나, 그녀가 마음에 들지 않았던 베르트랑이 지휘관이 되어 떠나있는 바람에 그녀 혼자 있는 시간이 많아졌고, 베르트랑에게 돌아오라 청했으나 자신의 반지를 끼고 자신의 아이를 낳아 준다면 돌아가겠다는 대답만이 돌아왔다. 그래서 부인은 베르트랑 백작이 마음에 두고 있다는 처녀의 집에 찾아가 한 가지 제안을 했고, 결국 그녀는 그들의 협조로 베르트랑이 요구했던 사항들을 모두 이루어 냈다. 그 후 베르트랑 백작은 그녀를 정실로 인정하고 깊이 사랑하고 소중하게 여기며 지냈다고 한다.

셋째 날 10번째 이야기

알리베크라는 한 소녀는 기독교의 신앙심과 하나님에 대한 봉사 이야기를 듣고 한 신자의 말에 따라 테베 사막으로 봉사를 하기 위해 떠났다. 사막에서 성자들의 계속된 거절로 머무를 곳이 없던 그녀는 루스티코라는 신앙이 두터운 은자를 만나게 되었고, 다른 성자와 달리 소녀가 오두막에 머무를 수 있도록 했다. 그러나 성자는 참을 수 없는 욕망으로 악마를 지옥에 몰아넣자는 핑계를 대며 그녀와 욕정을 나누게 되었고, 소녀는 그 쾌감에 즐거워하며 성자에게 하나님을 섬기자고 자꾸 졸랐다. 그 무렵 알리베크의 집이 모두 불에 타 그녀가 유일한 상속자가 되었고 네르발이 그녀를 찾아 아내로 삼았다. 그 이후 알리베크가 사막에서 겪었던 일이 시내에 퍼져 '하나님에 대한 가장 즐거운 봉사는 악마를 지옥에 몰아넣는 일'이라는 속담이 생겼다.

넷째 날 이야기 : 사랑으로 인한 불행

필로스트라토는 남녀 간의 사랑을 주제로 이야기 속 주인공들의 감정을 잘 묘사하며 이야기를 진행해 나간다. 사랑을 주제로 이야기를 이어 나가고 있으나, 사랑으로 인해 행복을 경험하는 사람이 아닌 불행을 겪는 사람들의 이야기이다.

넷째 날 1번째 이야기

미망인이 되어 돌아온 기스몬다는 부친의 시중을 드는 사람 중 귀스카르도라는 청년을 마음에 두고 있었고 그 역시 그녀를 사랑했다. 이에 기스몬다는 꾀를 내어 둘만의 시간을 보내게 되었으나 그녀의 부친인 탕크레디 공이 그 모습을 목격하였다. 귀스카르도를 처벌하기 전 딸의 마음을 듣기 위해 그녀를 불렀으며, 기스몬다는 의연한 태도로 귀스카르도에게 어떤 행동을 취한다면 자신도 같은 방법을 실행하겠다며 분명하게 이야기하였다. 그러나 탕크레디 공은 딸이 따라 죽지는 않을 것으로 생각하고 청년의 심장을 빼 그녀에게 보냈고, 기스몬다는 그것을 보고는 독액을 먹고 죽어버렸다. 그 말을 들은 탕크레디 공은 자신의 행동을 후회하며 두 사람을 한 무덤에 묻어 주었다.

넷째 날 2번째 이야기

거짓 후회와 신앙 고백으로 성 프란체스코파의 수도사가 된 알베르토는 엄격한 계율에 따라 생활을 하는 것처럼 사람들을 속여 성 프란체스코를 능가하는 평판을 얻게 되었다. 그러던 어느 날, 바보 같은 젊은 부인이 알베르토에게 자기 미모 자랑을 늘어놓았고 알베르토는 그 여인이 마음에 들어 한번 안아 보기로 마음먹었다. 며칠 뒤 그는 천사 가브리엘인 척하며 부인과 즐겁게 지내던 중 그녀의 시동생들로 인해 들킬 위기에 처했다. 마침 근처에 문이 열려 있던 집으로 도망가 집주인에게 도움을 청했고, 자신이 구해준 집주인은 그가 가브리엘임을 알게 된 후 금화를 받고 도망을 위해 분장을 도와준다. 그러나 집주인은 광장에서 알베르토의 가면을 벗겼고, 그로 인해 정체가 탄로 난 알베르토는 감옥에서 비참한 삶을 보내게 된다.

넷째 날 3번째 이야기

가난한 귀족 레스타뇨네는 부유한 상인의 딸인 니네타를 사랑하게 되었고 둘은 연인으로 발전하였다. 그 와중에 부호 청년이 상인의 나머지 두 딸을 사랑하게 되었고, 레스타뇨네는 그들의 결혼을 이용해 가난을 벗어나고자 했다. 제안을 받아들인 청년들과 자매들은 부친의 재산을 빼돌려 크레타 섬에서 부유하게 살게 되었다. 그러던 중 레스타뇨네는 그 섬의 귀족 딸에게 반하게 되었고 사실을 알게 된 니네타가 레스타뇨네를 독약으로 살해한다. 그 독약을 만들었던 노파가 잡혀가 고문을 당하던 중 니네타에 대한 이야기를 하게 되었다. 그로 인해 공은 니네타를 화형에 처하고자 했으나 동생들의 노력으로 풀려나게 되었다. 그러나 언니를 살리기 위해 공과 하룻밤을 보낸 니네타의 동생 마달레나는 연인인 폴코의 손에 죽었고, 폴코는 니네타와 함께 도망쳤다. 그 후 두 사람은 비참하게 살다가 죽었다고 한다.

넷째 날 4번째 이야기

제르비노 왕자는 아름다운 튀니스 공주에 대한 소문을 듣고 사랑이 불타올랐고, 친구를 통해 서로의 마음을 확인하게 되었다. 그러나 그 사실을 몰랐던 튀니스 국왕은 공주를 그라나다 왕에게 시집을 보냈고, 제르비노는 공주를 빼내 올 방법을 궁리했다. 한편, 튀니스 왕은 제르비노가 두려워 굴리엘모 왕에게 결혼을 보장해 달라는 요청을 보냈고, 아무런 사실을 몰랐던 굴리엘모 왕은 그 청을 받아들였다. 이러한 사실을 다 알게 된 공주는 제르비노에게 하인을 보내 모든 이야기를 전했고, 제르비노는 비겁한 인간이 될 수 없다고 결심하여 공주가 타고 있는 배를 습격하기에 이르렀다. 싸움 도중 공주는 죽었고 튀니스 왕은 제르비노의 습격에 대하여 왕에게 항의하였다. 이에 왕은 서약을 어기기보다 손자를 잃는 편이 낫다고 판단하여 제르비노 왕자의 목을 자르게 했다.

넷째 날 5번째 이야기

메시나에는 젊은 상인 삼 형제가 살았는데, 그들에게는 리사베타라는 여동생이 있었다. 그녀는 오빠들의 일을 돕는 로렌초라는 젊은이를 좋아하게 되었고, 두 사람은 행복한 나날을 보냈다. 그러던 어느 날 밤, 큰오빠가 그 사실을 알게 되었고, 오빠들은 로렌초를 몰래 죽인 뒤 리사베타에게는 화를 내고 둘러대기만 하였다. 얼마 뒤, 로렌초가 그녀의 꿈속에 나타나 자신이 묻혀 있는 장소를 알려 주었고, 거기를 파 보니 시체가 나왔다. 그녀는 시체를 옮기는 것은 불가능하다고 생각하여 머리만 잘라 항아리에 넣어 동백나무를 심어 곁에 두었다. 그녀는 틈 날 때마다 항아리 곁에서 울었고 그 모습을 이상하게 여긴 오빠들이 항아리를 치웠다. 그 후 그녀는 그 항아리를 돌려 달라고 애원하다 죽고 말았고 나중에 세상에 알려지면서 노래로 만들어졌다.

넷째 날 6번째 이야기

귀족 안드레우올라는 신분이 낮은 가브리오토와 남몰래 부부 사이가 되어 밀애를 지속해 왔다. 어느 날 안드레우올라가 무서운 꿈을 꾸었고, 다음 날 꿈 이야기를 하며 찾아오지 말라고 이야기하였으나 그는 결국 그녀를 찾아왔고, 사랑을 나누던 중 사망하게 되었다. 그녀는 충격을 받았지만, 하녀와 함께 그의 시신을 들고 그의 집으로 향했다. 그러던 중 경비원에게 잡혀 시 장관에게 끌려가 취조를 당하게 되었다. 장관은 그녀의 미모에 반해 자기의 말을 들으면 용서해 준다고 하였으나 거절당하였고, 그 소식을 들은 그녀의 아버지가 그녀를 찾아와 딸을 용서하고 가브리오토의 장례식을 정중하게 거행하였다. 그 후 장관이 다시 청혼하였으나 거절하고 수도원에 들어가 수녀가 되어 평생 깨끗한 생활을 했다고 한다.

넷째 날 7번째 이야기

시모나와 파스퀴노는 서로에게 사랑을 느끼고 부부의 인연을 맺었다. 어느 일요일 오후 식사가 끝난 뒤 두 사람은 친구와 함께 공원에 놀러 갔고, 둘만 공원 구석에 있는 샐비어 숲으로 갔다. 그곳에서 도시락을 먹고 난 후 파스퀴노가 이 사이에 낀 음식 찌꺼기를 제거하기 위해 샐비어 잎 조각을 이와 잇몸에 문지르다 갑자기 죽어 버렸다. 같이 있던 시모나는 살인자로 몰려 장관의 관저로 잡혀갔고, 그녀는 상황 설명을 위해 파스퀴노와 같은 행동을 하였다. 그러자 시모나도 역시 갑자기 쓰러져 죽었고 그 자리에 있던 재판관과 입회인들은 놀라서 한마디도 못 하였다. 그 후 그 나무를 불태우기 위해 뿌리째 뽑자 나무 밑에 있던 두꺼비가 발견되었고, 두 사람의 죽음에 얽힌 의혹은 풀리게 되었다. 이후 두 사람은 성 바울 사원에 묻히게 되었다.

넷째 날 8번째 이야기

어린 시절부터 사이좋게 지내던 살베스트라를 좋아하게 된 지롤라모는 어머니와 후견인들에 의해 파리로 떠나게 되었다. 이후 이탈리아로 돌아온 지롤라모는 그녀가 결혼한 것을 알게 되었다. 그래도 포기할 수 없어 몰래 그녀의 집에 숨어들어 그녀를 설득했으나 실패했고, 잠시 몸을 녹이기 위해 그녀의 곁에 누웠다가 갑자기 숨을 거두게 되었다. 다음 날 성당에서 그를 위한 추도식이 진행되었다. 그의 마지막 순간을 보러 참석한 추도식에서 살베스트라는 걷잡을 수 없는 동정심이 일어나 시체에 몸을 내던졌고, 거기서 그녀마저 목숨을 잃었다. 그 모습에 사람들은 모두 큰 슬픔에 빠졌고, 살베스트라는 지롤라모 옆에 나란히 눕혀지면서 저세상에서 영원히 맺어지게 되었다.

넷째 날 9번째 이야기

루시용과 과르스타뇨는 사이가 매우 좋은 친구였다. 그런데 과르스타뇨는 절세미인인 루시용의 아내를 연모하였고, 그녀 역시 끊임없이 유혹하는 그를 사랑하게 되었다. 그 사실을 알게 된 루시용은 기회를 엿보다가 과르스타뇨를 프랑스로 불러들여 살해하였다. 이후 그의 심장을 멧돼지 심장이라 속여 저녁 요리로 내놓았고, 부인이 먹도록 만들었다. 맛있게 먹던 부인은 자신이 먹은 요리가 무엇인지 알게 된 후 창밖으로 몸을 던졌고, 그 모습을 본 루시용은 자신의 행동을 후회하며 프로방스를 떠났다. 다음날, 이 일이 알려지면서 부인은 애도 속에 자신이 다니던 성당의 묘지에 묻히게 되었다.

넷째 날 10번째 이야기

유명한 외과 의사의 부인은 남편에게 불만이 많은 날을 보내다 루지에리라는 청년을 만남으로써 행복한 날들을 보냈다. 어느 날, 폭동으로 인해 남편이 떠나자 부인은 루지에리를 불러들였고, 침실에서 부인을 기다리던 루지에리는 남편이 두고 간 마취제를 물인 줄 알고 마셨다. 침실로 돌아온 부인은 루지에리가 죽은 줄 알고 목공소 앞에 있던 궤에 넣어 내버려 두었고, 때마침 그 궤를 탐내던 고리대금업자가 안에 사람이 있는지 모르고 훔쳐 갔다. 마취에서 깬 루지에리가 궤에서 나오자 도둑으로 오해받게 된다. 그 소식을 들은 부인은 하인을 시켜 루지에리를 구했고, 무죄로 풀려난 이후 루지에리와 부인은 자주 만나 사랑의 쾌락을 누렸다.

다섯째 날 이야기 : 해피엔딩

피암메타는 넷째 날에 이야기를 한 필로스트라토와 달리 연인이 불행한 일을 겪었음에도 불구하고 행복한 결말을 갖는 이야기를 진행하고 있다. 또한, 불행한 상황이나 사건에 대해서 상세하게 설명하여 어떻게 극복하고 있는지를 잘 보여 주고 있다.

다섯째 날 1번째 이야기

동네에서 치모네로 불리던 갈레수스는 시골에 가는 것을 무척 좋아했다. 어느 날 치모네는 숲에서 얇은 옷만 입고 자는 젊은 여자 이피제니아를 발견했고 그녀가 집에 당도할 때까지 따라갔다. 그녀에게 한눈에 반했던 치모네는 이전과 달리 학문을 깨우치고, 노래와 악기를 비롯해 승마에도 정통한 청년이 되었다. 몇 년이 지난 후 이피제니아에게 청혼을 하였으나 파시몬다와 결혼을 약속했다는 답만 듣게 된다. 치모네는 자신이 얼마나 이피제니아를 사랑하는지 보여 주겠다고 결심하고 노력하지만 그녀는 예정대로 결혼식을 올렸고, 파시몬다의 동생과 결혼하는 카산드라라는 여인을 연모하던 리시마쿠스는 치모네의 이야기를 듣고 함께 연인들을 납치하기로 했다. 계획에 성공한 그들은 각자 결혼식을 올리고 오래오래 행복하게 살았다.

다섯째 날 2번째 이야기

마르투초와 고스탄차는 서로를 사랑하여 결혼하려고 하였으나 고스탄차의 부모가 거절했고, 이에 분개한 마르투초는 부자가 되기 위해 리파리를 떠났다. 그는 해적질로 짧은 시간에 부자가 되었으나 욕심을 내다 습격을 당하고 목숨만 건져 튀니스 감옥에 갇히게 되었다. 그러나 그가 죽었다는 소문을 들은 고스탄차는 자신도 죽기 위해 바다에 몸을 던졌다. 고스탄차는 예상과 달리 튀니스 근처 해안의 친절한 부인의 집에서 몸을 의지하게 되었다. 그 무렵 전쟁이 나자, 마르투초는 왕에게 승리할 방법을 알려 주고 왕은 그대로 실행해 대승을 거두었다. 이에 마르투초는 부자가 되었고, 그 소식을 들은 고스탄차는 자신을 도와준 부인에게 사실을 털어놓고 튀니스에 보내 달라고 청했다. 우여곡절 끝에 두 사람은 만나 결혼을 하였고, 고향으로 돌아와 오랫동안 사랑하며 살았다.

다섯째 날 3번째 이야기

피에트로와 아뇰렐라는 서로 사랑하는 사이로, 친척들이 결혼을 반대하자 두 사람은 사랑의 도피를 하였다. 그러다가 길을 잘못 들어 강도의 습

격을 받고 헤어지게 되었다. 아뇰렐라는 노부부를 만나 하룻밤만 묵게 해
달라고 청했고, 노부부는 강도가 들이닥쳐도 책임을 못 진다고 이야기하
고 하룻밤 묵게 해 주었다. 다음날 노인이 아뇰렐라를 피에트로의 친구인
성 주인에게 안내해 주었고, 성의 귀부인은 자초지종을 듣고 아뇰렐라를
맞아들였다. 한편, 피에트로는 양치기들에게 사정을 이야기하고 피오레
성으로 안내받았고, 그 성에서 극적으로 만난 두 사람은 그곳에서 결혼식
도 올리게 되었다. 이후 부인의 도움으로 친척들의 비난을 무마하고 오래
도록 평화롭게 살았다.

다섯째 날 4번째 이야기

부유한 기사의 막내로 태어난 카테리나는 리차르도라는 청년을 사랑했
고, 청년 역시 그녀를 이미 연모하고 있었다. 어느 날 리차르도는 그녀에
게 발코니에서 자신을 기다려 달라고 말했고, 카테리나는 어머니를 못살
게 굴어, 발코니에 침대를 놓을 수 있게 되었다. 이후 두 사람은 발코니에
서 환희와 환락에 잠겼고, 어느 날 아침 딸의 처소를 찾은 리치오 씨가 그
모습을 목격하게 되었다. 그러나 그 광경을 보고 오히려 잘 된 일이라며
반겼고, 리치오 씨는 잠에서 깬 리차르도에게 죽음을 면하는 방법은 카테
리나를 정식 아내로 맞는 것밖에 없다고 말했다. 이에 리차르도는 바로
그러겠다고 했으며, 그 자리에서 아내로 맞아들였다.

다섯째 날 5번째 이야기

귀도토는 죽기 전 자신의 딸을 포함한 신상 문제와 전 재산을 자코민에
게 맡기고 숨을 거뒀다. 그 딸은 정숙한 처녀로 자랐고, 두 젊은이인 밍기
노와 잔놀레에게 열렬한 구애를 받았다. 그 두 사람은 정식으로 청혼했으
나 처녀의 부모로부터 거절당했고 잔놀레는 그녀와 만나기 위해 계략을
세웠지만 결국 시 장관에게 모두 체포되었다. 그 이야기를 들은 자코민은
선처를 호소하러 찾아온 두 젊은이의 친척들에게 자신의 딸은 원래 누구
의 딸인지 모르며, 전쟁 중에 귀도토가 거둬 키운 자식이라고 하며 그들
에게 똑같은 일이 더 생기기 전에 결혼을 시키고자 한다고 말했다. 그런

데 그 자리에 있던 굴리엘미노에 의해 그 처녀가 원래 베르나부초의 딸이었음이 밝혀졌고, 잔놀레와는 친남매 사이였다. 너그러운 장관은 잔놀레와 밍기노를 용서해 주었고, 결국 처녀는 밍기노와 짝이 되었다.

다섯째 날 6번째 이야기

레스티투타라는 귀족의 딸은 근처 작은 섬에 사는 잔니와 사랑하는 사이가 되었다. 그런데 어느 날 레스티투타가 조개를 따다 납치를 당했고, 국왕 페데리고에게 바쳐졌다. 이후 소식을 들은 잔니는 그녀가 국왕에게 바쳐져 쿠바에 머물고 있단 소식을 듣고 절망하였으나, 쿠바 주변을 배회하다 우연히 그녀를 만나 사랑을 즐기다 잠이 들었다. 다음날 그 모습을 국왕이 목격하게 되었고 그들은 화형에 처하게 되었다. 화형 소식을 들은 해군 제독 루지에리는 그 사람이 잔니라는 것을 알게 되었고 왕에게 찾아가 자초지종을 설명하고 용서를 구했다. 국왕은 그 이야기를 듣고 화형을 멈추고 두 사람을 결혼시켜 집으로 돌려보냈고, 그들은 오랫동안 즐겁게 살았다.

다섯째 날 7번째 이야기

아메리고라는 귀족이 사 온 어린 아이 중 테오도로라는 아이가 마음에 들어 노예 신분에서 벗어나게 해 주기 위해 피에트로라는 이름을 지어 주었고, 그의 딸과 피에트로는 서로 사랑하게 되었다. 그러던 어느 날 우박을 만나 피해 들어간 오두막에서 두 사람이 몸을 붙이고 있게 되었고, 피에트로는 욕망에 휩쓸렸고 두 사람은 최후의 환락까지 맛보게 되었다. 그러다 비올란테가 임신을 하게 되었고, 그 사실을 알게 된 아메리고 씨는 피에트로를 체포하여 거리에서 조리돌림을 당하게 한 후 교수형을 내렸고, 딸에게는 자살을 명하고 아기도 죽이라고 명령했다. 그러던 중 피네오라는 귀족이 피에트로의 모습을 보고 15년 전 해적에게 뺏긴 아들이 떠올라 확인해 본 결과 자기 아들임을 밝혀냈다. 이후 두 사람은 결혼식을 올렸고 피네오 씨는 아들의 가족과 행복하게 살았다.

다섯째 날 8번째 이야기

젊은 귀족 나스타조는 높은 신분의 파올로의 딸을 연모하게 되었다. 그러나 그 처녀는 나스타조에게 냉담하기만 했고 친구와 친척에 의해 라벤나를 떠나 한 오두막에서 지내게 되었다. 그러던 5월 어느 날, 나스타조혼자 산책을 하다가 영겁의 죄로 인해 매주 금요일마다 쫓기다 심장이 도려내져 죽는 여자와 그 여자를 쫓는 기사와 개의 모습을 보게 되었다. 나스타조는 문득 이것을 이용하고자 마음먹었고, 친구들의 도움으로 인해그 참살당하는 여인을 목격한 장소에서 파올로 씨 가족과 그 주위 사람들을 초대하여 식사하였다. 그들은 때마침 나타난 기사와 여자를 목격하게됐고, 결국 나스타조는 귀족 처녀와 결혼식을 올리고 행복하게 살았다.

다섯째 날 9번째 이야기

페데리고라는 청년은 아름다운 부인 조반나를 연모하게 되었고, 그녀를위해 최선을 다했으나 결국 재산을 탕진하고 가난뱅이가 되어 매 한 마리만 남게 되었다. 그는 매를 데리고 자신의 농지가 있는 캄피로 이사했고그해 여름에 부인 역시 남편이 죽으면서 아들과 함께 시골로 이사 갔다.마침 그 시골은 페데리고의 농지와 가까웠고, 아이는 우연히 페데리고와친해지게 되었다. 그러던 어느 날 아이가 병에 걸렸고, 아이는 페데리고의 매를 갖고 싶어 하였다. 그러자 그녀는 자식의 소원을 들어주기 위해그를 찾아갔고 페데리고는 그녀를 대접하기 위해 한 마리 남은 매를 요리하여 대접하였다. 그 사실을 알게 된 부인은 슬피 울며 페데리고의 호의에 감사하다며 슬픈 마음으로 돌아가고 결국 아들은 세상을 떠난다. 부인은 막대한 유산으로 인해 재혼 권유에 시달리다 페데리고 씨의 훌륭한 인품에 그와 재혼하여 행복하게 살았다.

다섯째 날 10번째 이야기

남색가였던 피에트로라는 부자의 부인은 남편의 비밀을 알게 된 후 혼자 속앓이를 하다 어느 노파와 친해져 속마음을 털어놓게 되었다. 그 이야기를 들은 노파는 남편에게 보복하는 것도 좋은 일이라고 말하며 뒷일은 걱정하지 말고 소원을 말해 보라고 했다. 며칠 뒤 노파는 그녀의 침실로 계속 남자를 데려왔다. 그러던 어느 날 밤, 남편이 외출한 틈을 타 남자를 들였는데, 갑자기 돌아온 남편으로 인해 남자는 옷장으로 숨었다. 그러다 결국 피에트로에게 들키게 되었다. 그런데 그 젊은 남자는 공교롭게도 피에트로가 남색을 목적으로 오랫동안 노리던 자였고, 세 사람은 함께 저녁을 먹고 다음 날 아침까지 함께 시간을 보냈다.

여섯째 날 이야기 : 현명함 혹은 재치

엘리사는 어리석은 남성들 혹은 남성들의 무례한 행동들에 대해 여성들이 현명하면서도 재치 있는 언행으로 훈계하는 내용을 중심으로 진행하고 있다. 또한, 앞에 이야기했던 사람들과 달리 이야기를 통해 중세 유럽에서 높아지고 있는 여성의 지위를 설명하고 있다.

여섯째 날 1번째 이야기

오레타라는 부인은 가끔 시골에 머물며 몇몇 부인이나 기사들을 초대하여 같이 식사하거나 산책을 하기도 했다. 목적지까지 걸어가던 중 의외로 먼 길이라 기사 한 사람이 재미있는 이야기를 해 주겠다 했으나, 그 기사는 말하는 것이 서툴러 똑같은 말만 되풀이하거나 줄거리를 거꾸로 말하면서 이야기를 망치기도 했다. 그러자 오레타 부인은 이야기를 듣다 참을 수 없어, 웃으며 "기사의 말은 걸음이 너무 딱딱해서 참을 수 없으니 자신을 걷게 해 달라"라고 말했다. 그 이야기를 들은 기사는 농담으로 받으며 다른 이야기를 화제 삼았고, 최초의 이야기는 꼬리 잘린 수탉 꼴이 돼 버렸다.

여섯째 날 2번째 이야기

교황의 측근인 제리가 아침마다 자신의 가게 앞을 지나는 것을 본 빵 장수 치스타는 그 시간이 되면 가게 앞에서 백포도주를 맛있게 마시기 시작했다. 사흘째 되는 날 마침내 제리가 치스티에게 말을 걸었고, 이후 제리의 환송연에 치스티를 초대하기도 하였다. 그러나 치스티는 그곳에 가지 않았고, 제리는 그에게 하인을 보내 포도주를 받아 오라 시켰다. 하인은 제리의 의도와 달리 큰 술병을 치스티에게 들고 갔고 치스티는 하인을 다시 되돌려 보냈다. 이 말을 전해 들은 제리는 하인을 꾸짖었다. 그리고 난 후 치스티는 하인을 통해 보낸 큰 술병이 아닌 작은 술병에 포도주를 담아 몰래 제리에게 보낸 후 제리를 찾아가 더는 포도주지기 노릇을 하고 싶지 않아 술을 다 가져왔다고 말하였고, 그 후 치스티와 제리는 친구가 되었다고 한다.

여섯째 날 3번째 이야기

피렌체의 주교에게 왕의 군단장 데고가 동생의 조카딸과 하룻밤 보내기 위해 금화 5백 개를 주겠다는 제안을 했고, 주교는 그 제안을 받아들여 5백 개의 금화를 받았다. 그러나 그 금화는 금으로 도금된 은화였고, 이 사실이 사람들에게 알려지면서 웃음거리가 되었다. 이후 성 요한 축제일에 만난 두 사람의 눈에 아름다운 논다 부인이 들어왔고, 주교는 그녀에게 군단장을 어떻게 생각하는지, 한번 잘해보라고 말하였다. 그러나 논다 부인은 면박을 주기 위해 자신은 진짜 돈을 갖고 싶으니 군단장은 자신을 정복하지 못할 거라 대답하며 두 사람 모두에게 부끄러움을 주었다. 두 사람은 부끄러운 듯 자리를 피했고, 누구도 부인을 비난하는 사람은 없었다.

여섯째 날 4번째 이야기

쿠라도가 사냥에서 잡아 온 학을 키키비오가 요리하여 내놓았으나, 학의 다리가 하나였다. 그 학의 모습을 본 쿠라도는 키키비오에게 이유를 물었고 그는 원래 학은 다리가 하나만 있다고 말하였다. 그 말을 듣고 쿠라도는 다리가 하나인 학을 보여 줘야 할 것이라고 으름장을 놓았다. 다음 날 아침 키키비오가 다리 하나를 들고 자는 학을 보여 주었고 쿠라도는 훠이, 훠이, 하며 학의 잠을 깨워 다리는 두 개라고 이야기하였다. 그

랬더니 키키비오가 저녁에 주인님이 '휘이휘이'했으면 한 쪽 다리를 내놓았을 거라고 대답하였고, 그의 대답이 만족스러웠던 쿠라도는 그를 용서해 주었다.

여섯째 날 5번째 이야기

민법의 대가인 포레제와 천재 화가인 조토는 모두 추남으로 무젤로에서 우연히 만났고, 그때 쏟아진 소나기로 한 농가에 들어가게 되었다. 소나기가 그친 뒤 두 사람은 침묵을 지키며 걷다 이야기를 나눴다. 포레제는 조토의 말에 귀를 기울이며, 그의 흉한 모습을 보면 그를 알지 못하는 사람은 세계 제일의 화가라고 여기겠냐고 말했다. 그러자 조토는 그 사람이 포레제를 보고 abc 정도 알고 있겠다고 여기면 자신을 세계 제일의 화가로 생각할 거라 대답했고, 그 대답을 들은 포레제는 오는 말이 고와야 가는 말이 곱다는 것을 깨닫게 되었다.

여섯째 날 6번째 이야기

쾌활한 젊은이 미켈레는 모임에 참석하는 것을 좋아했다. 어느 날 미켈레와 친구들 사이에 어느 가문이 제일가는 귀족인지 논쟁이 생겼다. 미켈레는 바론치 가문이라고 대답했으나 친구들은 그의 생각을 비웃을 뿐이었다. 이에 저녁 내기가 진행되었고, 서로 주장을 증명하기 시작했다. 미켈레는 가문이 오래될수록 귀족성이 높다고 주장하며, 바론치 가문이 가장 오래된 것을 증명하면 자신이 이긴다고 말했다. 그는 바론치 가문의 사람들을 그린 그림은 균형이 잡혀있지 않고 어린 아이가 그린 얼굴처럼 보이므로 바론치 가문이 다른 가문보다 오래되었다고 말했고 친구들 또한 웃으며 그가 이겼음을 인정하였다.

여섯째 날 7번째 이야기

프라토 시에는 간통하다가 현장을 들키면 화형을 당하는 법이 있었다. 그때, 필리파 부인은 젊은 귀족 라차리노의 품에 안겨 있다가 남편 리날도에게 들켰고, 리날도는 이 둘을 죽이고 싶은 걸 참고 고소하였다. 이 사건의 재판을 맡은 장관은 부인을 보고 동정심이 생겼으나 심문을 진행했다. 그에 부인은 해당 법이 만들어질 때 여자들의 동의를 구하지 않았으므로 악법이라고 불러도 마땅하다고 말하며 진술을 이어나갔고 마지막에는 자신이 주체하지 못한다면 어떻게 해야 하는지, 개에게라도 던져 주어야 하는지를 묻는다. 당시 법정에 모인 사람들은 부인의 말에 웃으며 동감하였고 부인은 화형을 면하게 되었다.

여섯째 날 8번째 이야기

체스카라라는 아가씨는 기고만장하였고 눈에 보이는 사람에게 악담하는 것이 버릇이었다. 또한, 거만하고 성미가 까다로워 불쾌한 태도를 잘 드러냈다. 그러던 어느 날 축제에서 돌아온 체스카라에게 큰 아버지인 프레스코가 왜 일찍 귀가했느냐 묻자 그녀는 불쾌하고 재미없는 남자가 득실거려 더 보지 않기 위해 일찍 들어온 것이라 대답했다. 그녀의 대답에 프레스코는 언제나 즐거운 마음으로 있고 싶거든 자신의 얼굴을 거울에 비춰 보라 말했으나, 그 말의 뜻을 이해하지 못했던 체스카라는 어리석은 채로 살았다고 한다.

여섯째 날 9번째 이야기

피렌체는 비용을 내어 친목을 도모하는 클럽 풍습이 있었고, 베토 씨도 많은 클럽 중 한 클럽의 회원이었다. 베토 씨는 세상에서 손꼽히는 논리학자이자 물리학자인 귀도를 입회시키고자 하였으나 쉽지 않았다. 어느 날, 귀도는 산책을 하다 사원 근처에 도착하였고, 그 모습을 본 베토는 회원들과 함께 귀도를 놀려주기로 모의했다. 베토는 귀도에게 다가가 신의 부재를 확인하면 어떻게 할 것이냐 물었고 귀도는 자신의 집에 있을 때 함부로 지껄이게 되는 법이라 대답하였다. 이에 사람들은 미쳤다는 둥 떠들었고 베토는 귀도가 짧은 말로 우리를 면박한 것이라며 말하였고 그 말을 들은 모두가 부끄러워하였다.

여섯째 날 10번째 이야기

매년 한 차례 우매한 자들에게 성금을 받아 가던 수도사는 어느 해, 어김없이 미사를 드리러 온 자들에게 가브리엘 님의 날개를 보여 줄 예정이니 종소리가 울리면 성당에 모이라고 말했다. 그 말을 들은 짓궂은 청년 두 명은 그를 골려주기 위해 수도사의 숙소에 찾아갔고, 하인 몰래 수도사의 짐에서 앵무새 깃털을 빼내고 대신 숯을 넣어 두었다. 세 시가 된 후 수도사는 그 가방을 확인했으나 얼굴빛 하나 변하지 않고 엄숙하게 이야기를 이어나갔다. 그는 숯을 성 로렌초가 타 죽어 순교자가 될 때 남은 숯이라고 말하며 이 숯으로 그린 십자를 받으면 화상 입을 일이 없다고 말하면서 골탕 먹이려고 했던 청년들을 보기 좋게 물리쳤다.

일곱째 날 이야기 : 새로운 사랑을 위한 부인들의 거짓말

디오네오는 귀족 부인들이 남편이 아닌 새로운 사람을 사랑하면서 남편을 우롱하는 이야기를 중심으로 진행하고 있다. 이 이야기들은 당시 흑사병으로 쾌락주의에 빠진 사람들을 잘 표현하고 있는 부분이기도 하다.

일곱째 날 1번째 이야기

잔니의 부인인 테사는 페데리고와 밀애를 나누던 사이였다. 그러던 어느 날 저녁, 테사는 정원에서 페데리고와 저녁을 즐기기 위해 준비하던 중 연락도 없이 남편이 들이닥쳤고, 테사가 당황하여 페데리고에게 정원에서 기다리라는 전갈을 보내는 것도 잊었다. 그 사실을 몰랐던 페데리고는 평소처럼 문을 두드렸고, 그 소리를 들은 테사는 모른 척하며 호들갑을 떨면서 잔니에게 귀신이라고 이야기하였고 그에게 같이 기도문을 외우자고 요청했다. 그 소리를 들은 페데리고는 웃음을 참으며 정원에 있는 요리를 들고 집으로 돌아갔고, 그 후에도 두 사람은 밀회를 즐겼다.

일곱째 날 2번째 이야기

잔넬로는 페로넬라를 유혹했고 결국 그녀는 유혹에 넘어가 남편이 집을 비운 사이에 젊은이와 밀회를 나누었다. 그때 남편이 찾아와 놀란 아내는 잔넬로를 숨기고 문을 열었고, 남편에겐 일을 못 구한 것 같다며 화를 내고 팔자타령을 하며 잔소리를 했다. 남편은 그런 아내를 달래며 성 갈레오네 축일이라 일찍 왔으며, 가지고 있던 통을 5질리아토에 팔게 되었다며 말했다. 아내는 잔넬로를 내보내기 위해 자신은 7질리아토에 통을 팔았다며 말했고 잔넬로도 통 안을 청소하라고 맞장구를 쳤고, 남편은 당장 청소를 시작했다. 그 두 사람은 청소하고 있는 남편 몰래 그 자리에서 욕정을 채웠고, 잔넬로는 통에 대한 값을 치르고 남편에게 그 통을 집까지 옮기게 했다.

일곱째 날 3번째 이야기

리날도는 부호의 임신한 부인에게 연정을 품었고, 그의 뜻을 이루기 위해 부인이 낳을 아이의 대부가 되었다. 그 뒤로 리날도는 수도사가 되었으나 본성은 변하지 않았고, 부인에게 더욱 대담하게 접근했다. 그의 구애에 부인의 마음은 움직였고, 그들은 자주 밀회를 즐기게 되었다. 어느 날, 유희를 즐기던 중에 갑자기 남편이 집으로 돌아왔고 그녀는 그 상황을 모면하기 위해 리날도에게 옷을 입고 아이를 안으라고 말했다. 그녀는 남편에게 아이가 경련을 일으켰는데, 리날도가 잘 처리해줬다고 말하며 위기를 넘겼고 그 말을 들은 부호는 눈물을 흘리며 아이에게 키스하고 리날도 일행에게는 포도주와 과자를 대접하며 문 앞까지 나와 극진히 환송했다.

일곱째 날 4번째 이야기

토파노라는 부자는 결혼 후 질투가 심해져 아내를 추궁하는 날이 많았고, 아내는 차라리 진짜 바람을 피워야겠다고 결심했다. 그래서 자신에게 눈길을 보내오던 청년을 이용하였고, 남편은 점차 의심하기 시작하였다. 어느 날 밤 취한 남편을 두고 외출하였다가 한밤중에 돌아온 아내는 문이 잠긴 것을 확인하고 애원했으나 토파노는 문을 열어 주지 않았고 그녀는 남편을 악한으로 만들겠다며 협박까지 하였다. 그 협박도 통하지 않자 부인은 큰 돌을 우물에 던졌고 남편이 뛰어나온 틈을 타 집에 들어가 문을 잠갔다. 결국, 두 사람은 고함을 지르며 싸우기 시작하였고 이웃 사람들부터 부인의 친정에까지 알려졌다. 아내는 친정 식구들에 의해 친정에 가버렸고, 토파노는 질투를 하지 않겠다고 다짐하며 용서를 빌었다.

일곱째 날 5번째 이야기

미인과 결혼하여 질투에 눈이 먼 부자 상인은 부인을 집 밖으로 못 나가게 하였고 이에 고통받던 아내는 옆집 청년과 애정을 나눴다. 크리스마스가 다가오는 어느 날, 부인은 성당에 가서 고해하게 해 달라고 부탁하였고, 남편은 이야기를 듣기 위해 신부로 변장하였으나 아내는 그를 눈치채고 오히려 이를 이용하였고, 남편은 아내를 혼내기 위해 망을 보다 지쳐 아내에게 물었다. 아내는 남편이 신부임을 알고 있었고 그래서 남편이 듣고 싶어 하는 이야기를 했다. 그 말을 들은 남편은 더는 아내를 의심하지 않았고, 부인은 자유롭게 연인과 즐기게 되었다.

일곱째 날 6번째 이야기

이사벨라 부인은 레오네토라는 청년과 사랑에 빠졌으나 부인을 쫓아다니는 람베르투초라는 기사의 위협으로 두 사람을 다 만나고 있었다. 그러던 중 남편이 며칠 동안 집을 비우게 되었고 두 사람 다 부인의 집에 찾아왔다. 그러나 남편이 갑자기 집으로 돌아왔고, 부인은 상황을 모면하기 위해 갑자기 모르는 청년이 살려 달라며 집으로 들어왔고, 람베르투초가 찾아온 거였으며 자신이 없다고 하자 돌아갔다고 말하였다. 남편은 그 말을 듣고 레오네토에게 음식을 대접하고 손수 집까지 바래다주었고 이후 두 사람은 이사벨라 부인과의 밀회 날짜와 시간을 조정하기로 합의했다.

일곱째 날 7번째 이야기

베아트리체 부인의 이야기를 들은 로도비코는 아니키노로 이름까지 바꾸며 부인을 만나러 갔다. 실제로 부인을 본 아니키노는 하인이 되어 남편 에가노의 신임을 얻었고, 얼마 뒤 에가노가 사냥을 나간 후 바둑을 두며 부인에게 자기 신분을 밝히며 고백하였다. 고백을 들은 부인은 아니키노에게 밤중에 자신의 침실로 오라고 하였고, 밀회를 즐기려고 하는 찰나 남편이 눈을 뜨게 되었다. 이에 부인은 아니키노가 남편을 배반하였다고 말하며 남편에게 약속 장소에 그가 나타나는지 자신으로 변장하고 나가 봐 달라고 말하며 정원으로 내보냈다. 이후 문을 잠그고 아니키노와 밀애를 나누었고, 아니키노는 부인이 시킨 대로 정원에 나가 "이 나쁜 여자야, 나보고 존경하는 주인을 배반하라고?"라고 말하며 에가노를 때렸고, 에가노는 오히려 그들을 믿게 되었다.

일곱째 날 8번째 이야기

시스몬다는 아리구초라는 상인과 결혼하였는데, 남편이 자리를 비울 때마다 루베르토라는 청년과 깊은 관계를 맺었다. 그런데 아리구초가 부인을 감시하기 시작하였고, 그래서 부인은 끈으로 신호를 주며 루베르토와 밀회를 이어갔다. 그러던 어느 날 남편 아리구초가 그 끈을 우연히 발견하였고, 모든 사실을 다 알게 되었다. 뒤늦게 상황을 알게 된 시스몬다 부인은 하인을 시켜 자신 대신 침실에 누워있게 하였고 아리구초는 화에 못이겨 때리고 머리카락을 다 잘라 버리고 아내의 친정에 달려가 상황을 다 말한 다음 처남들을 데리고 집에 왔다. 그러나 시스몬다는 멀쩡한 모습이었고, 하인의 꼴을 드러내며 오히려 남편을 난봉꾼으로 몰아세웠다. 아리구초는 자신이 겪은 상황에 넋이 나갔고, 부인은 마음껏 사랑의 환희를 즐겼다.

일곱째 날 9번째 이야기

니코스트라토스의 부인은 피루스라는 하인에게 연정을 품고 말았고, 결국 하녀를 통해 피루스에게 마음을 전달하였다. 그 말을 못 믿은 피루스는 부인에게 자신이 원하는 세 가지를 성취하면 믿겠다고 하였고, 부인은 피루스가 말한 세 가지 모두를 이뤄내어 피루스도 부인의 마음을 믿게 되었다. 그들의 사랑을 실천하기 위해 부인은 남편이 나무에 올라가 환상을 보았다고 믿게 만들고 이를 이용하여 그 뒤에도 두 사람은 몇 번이고 즐거움을 나눴다.

팅고초와 메우초라는 두 젊은이는 매우 사이가 좋은 것처럼 보였고 그런 만큼 잦은 왕래를 하던 두 사람은 한 부인을 짝사랑하게 되었다. 그러던 중, 팅고초는 부인의 마음을 얻게 되었고 부인과 사랑을 나누는데 지나치게 정력을 소모하다 결국 병을 얻어 죽고 말았다. 죽은 지 사흘째 되는 날 팅고초는 생전의 약속대로 메우초의 침실에 나타나 저세상에서 있었던 일을 말해 주고 저세상에서는 부인과의 일은 문제 삼지 않는다는 말을 듣게 되었다. 그 후 메우초는 여자를 멀리했던 것이 어리석은 짓임을 깨닫고 그 뒤로 영리하게 자기 잇속을 차리게 되었다.

여덟째 날 이야기 : 거짓말과 거짓말

라우레타는 남녀가 거짓말로 서로를 속이는 이야기를 가지고 진행한다. 이 역시 흑사병으로 인해 가족, 친구, 연인 간의 관계에서 회의감을 표현하기 위한 부분으로 판단된다. 그래서인지 친구 간에 일어나는 일들에 대한 이야기가 많다.

굴파르도는 자신의 절친한 친구인 과스파르루올로의 아내를 좋아하게 되었다. 그러던 어느 날 그는 과스파르루올로의 부인에게 자신의 마음을 고백하였고, 이에 부인은 다른 사람에게 비밀로 하고 금화 2백 피오리노를 빌려 주면 소원을 받아 준다고 하였다. 그러나 그녀의 말을 듣고 굴파르도는 환멸을 느끼고, 그녀를 골려주기 위해 과스파르루올로가 여행을 떠난 날 친구와 함께 부인을 찾아갔다. 그는 모두 앞에서 돈을 건네고 두 사람은 함께 밤을 보냈다. 마침내 과스파르루올로가 돌아오자 그에게 자신이 빌린 금화 2백 피오리노는 부인에게 갚았다며 말하였고, 부인은 그렇다고 대답하여 굴파르도는 돈 한 푼 안 들이고 여자를 농락했다.

여덟째 날 2번째 이야기

영리하고 여자를 밝히던 신부가 농부의 아내인 벨콜로레에게 반해 매일 그 집을 맴돌았다. 그러던 어느 날 신부는 벨콜로레의 남편이 집을 비우는 사실을 알고 달려가 채근했고, 결국 벨콜로레를 위해 자신의 외투를 저당 잡히고 난 후에야 그의 바람이 이루어졌다. 이후 곤란해진 신부는 옆집 사내아이에게 절구 심부름을 보냈고, 벨콜로레의 남편은 아내가 신부의 외투를 저당 잡은 사실을 알고 꾸짖었다. 그의 행동에 화가 난 벨콜로레는 한동안 신부와 말을 하지 않았으나, 신부가 마왕의 입에 밀어 넣겠다며 위협하자 둘은 화해하고 관계를 이어갔다.

여덟째 날 3번째 이야기

마소는 칼란드리노를 놀리기 위해 고민을 했다. 그러던 어느 날, 기회를 포착한 마소가 불가사의한 힘을 가진 돌 이야기를 하였고, 그의 계획대로 칼란드리노는 관심을 가졌다. 돌 이야기를 들은 칼란드리노는 두 화가와 함께 돌이 있다는 장소로 가서 열심히 돌을 주웠다. 칼란드리노는 자신을 안 보이는 척하는 친구들과 주위 사람을 보고 마침내 그는 자신이 안 보인다고 믿게 되었다. 그러나 집에 돌아온 후 아내가 아는 척을 하자 아내를 때렸고 뒤따라온 화가들은 소동의 이유를 듣게 되었고, 칼란드리노에게 여자가 사물의 효력을 없애는 걸 알면서도 미리 대비하지 않았기 때문에 하나님이 벌하신 것이라 타이르며 그 자리를 떠났다.

여덟째 날 4번째 이야기

피에졸레 성당에 있던 사제는 그곳을 자주 방문하던 젊은 미망인을 보고 반해 망설임 없이 부인에게 고백하였다. 부인은 그 사제를 원하지 않는다며 거절했으나 사제는 거기에 굴하지 않고 부인의 마음을 얻기 위해 노력하였다. 참다못해 부인은 남동생들과 의논하여 사제를 떼어 놓으려고 그의 마음을 받아들이는 척했다. 부인은 하녀를 불러 자기 대신 침실에 눕혀뒀고 사제는 부인이 아닌 하녀와 사랑을 나누게 되었다. 계획대로 진행되자 부인은 주교를 초대하여 포도주를 대접했고, 그때 사제의 모습을 보여 주어 처벌을 받도록 하였다.

여덟째 날 5번째 이야기

새로 부임한 장관이 데려온 니콜라 재판관은 우스꽝스러운 옷차림으로 시선을 끌었다. 특히, 앉을 때 앞쪽이 벌어지는 바지는 보는 사람을 민망하게 만들었다. 그러던 어느 날 마소는 리비와 마테우초에게 니콜라의 바지를 보여 주었고 그들은 그의 바지를 벗겨 보기로 작당했다. 다음 날 아침 재판소에 모인 세 사람은 몰래 바지를 벗기는 데 성공하였고, 이에 당황한 재판관은 뒤늦게 바지를 추켜올리며 장난을 친 두 사람의 행방을 찾았으나 이미 없어졌다. 그 이야기를 들은 장관 역시 화를 냈지만 한 친구가 엉터리 재판관을 데려온 것에 대한 피렌체인의 분풀이라고 하자 화를 내지 못하였다.

여덟째 날 6번째 이야기

부부가 돼지를 농장에서 키워 매해 섣달이 되면 돼지를 잡아 소금에 절였는데, 어느 해 부인의 건강이 좋지 않아 칼란드리노 혼자 돼지를 잡게 되었다. 그 소리를 들은 브루노와 부팔마코는 근처에서 묵으며 칼란드리노의 돼지를 훔쳐 신부의 집에 가져다 놓았다. 돼지를 도둑맞은 사실을 알고 크게 울부짖자 결국 생강 환약으로 점을 쳐 보게 되었다. 그러나 칼란드리노가 환약을 삼키지 못하여 돼지 도둑으로 몰리게 되었고, 그 틈을 타 브루노와 부팔마코는 수탉을 내놓지 않으면 부인에게 다 말하겠다며 위협하였다. 이에 칼란드리노는 수탉을 주게 되었고, 칼란드리노는 금전적 손해와 누명까지 쓰게 되었다.

여덟째 날 7번째 이야기

아름다웠지만 거만했던 부인에게 리니에리라는 훌륭한 학자가 마음을 뺏겼다. 그 사실을 안 부인은 그를 애태우기만 하고 화답을 주지 않았다. 그러던 어느 날 부인은 학자를 불러들였고 눈이 오는 날 마당에서 기다리게 만들어 놓고 정작 자신은 침실에서 애인과 즐거움을 나눴다. 그날 이후 부인의 애인은 다른 여자에게 마음을 빼앗겨 떠났고 그녀는 복수의 기회만 노리던 학자에게 도움을 청했다. 학자는 부인이 알몸으로 지붕 위에 있으면 그가 용서를 빌 것이라고 하였고 부인은 시키는 대로 하였다. 그러자 학자는 사다리를 치워 한동안 내려오지 못하게 만들었고, 지나가던 소작농의 도움으로 지붕에서 내려오게 된 부인은 신중하게 행동하게 되었다고 한다.

여덟째 날 8번째 이야기

스피넬로초와 제파는 형제처럼 지내며 서로의 집을 왕래하였다. 제파의 부인과 친해진 스피넬로초는 결국 동침까지 하게 되었으며, 이후 그들은 오랫동안 관계를 지속해 왔다. 어느 날 스피넬로초와 제파의 아내는 제파가 집에 있다는 사실을 모르고 사랑을 나눴고, 제파는 조용히 지켜보았다. 다음 날 제파의 부인은 자신을 찾아온 스피넬로초를 남편이 시키는 대로 상자에 가둬 문을 잠갔고, 그날 저녁 제파는 스피넬로초의 아내를 불러 복수를 하자고 설득하였다. 이후 보석도 주겠다는 제파의 말에 스피넬로초의 아내는 그 제안에 응했고 그가 갇힌 상자 위에서 정사가 이루어졌다. 그날 이후 네 사람은 아내와 남편을 공유하며 그 누구보다 사이좋게 지냈다.

여덟째 날 9번째 이야기

브루노와 부팔마코 그리고 시모네는 의사에게 관심을 가졌고 브루노는 의사에게 접근하여 친해졌다. 어느 정도 친해지자 시모네는 브루노에게 어떻게 즐겁게 지내냐 물었고 브루노는 약탈한다며 이야기를 이어나갔다. 그의 이야기를 들은 어리석은 의사는 브루노의 계획에 끼워 주길 바랐고, 그들은 의사에게 권능이 높은 치빌라리 백작 부인과 하룻밤을 약속하면서 의사에게 극진한 대접을 받았다. 얼마 뒤 회합에 출석하기 위해 두 화가가 시키는 대로 무덤에 찾아갔고, 짐승으로 변장한 부팔마코가 그를 분뇨 구덩이에 넣은 뒤 그 모습을 지켜봤다. 다음 날 가짜 멍을 그리고 의사를 찾아가 선생 덕분에 자신들이 매를 맞았다며 보복하겠다고 화를 냈고, 의사는 그들에게 용서를 빌고 극진하게 대접을 했다.

여덟째 날 **10번째 이야기**

관청이 운영하는 창고 앞에는 부정직한 여자들이 많았다. 살라바에토가 돈이 많다는 이야기를 들은 양코피오레는 하녀를 시켜 그를 집으로 불러들였고, 거짓말을 하여 돈을 받아 냈다. 그러나 뒤늦게 사기당한 것을 깨달은 살라바에토는 고향으로 돌아가 친구에게 도움을 청했고, 똑같은 방식으로 복수를 하고자 물이 든 기름통을 준비하여 다시 팔레르모에 갔다. 살라바에토가 더 비싼 물건을 들고 왔다는 소식을 들은 양코피오레는 그에게 정성을 다하고 빌린 돈도 갚았다. 그러던 어느 날 살라바에토는 양코피오레가 한 것처럼 거짓말을 하고 돈을 빌렸고, 돈을 받자마자 그는 다시 돌아갔다. 여자는 그 사실을 두 달이 넘은 뒤에 알게 되었고 가슴을 치며 후회했다.

아홉째 날 이야기 : 자유 주제

에밀리아 역시 첫날 이야기를 진행했던 팜피네아와 같이 자유 주제로 이야기를 진행하고 있다. 그렇지만 당시 시대를 풍자하고 있는 이야기가 대부분이며, 성관계에 관한 내용에서는 적나라하게 묘사하여 시대 풍자와 더불어 쾌락주의에 빠진 사회를 강하게 비판하고자 한 것으로 추측된다.

아홉째 날 **1번째 이야기**

리누초와 알레산드로는 프란체스카라는 부인을 사랑하게 되었고, 두 남자의 시도 때도 없는 사랑 고백으로 골치가 아프던 프란체스카 부인은 그들을 떼어놓기 위해 묘안을 생각해 냈다. 부인은 알레산드로에게 스칸나디오의 무덤에서 스칸나디오 시신인 척하라고 이야기하였고, 리누초에게는 말을 하지 말고 시신을 부인의 집으로 운반해 달라고 말했다. 두 남자는 부인의 말대로 했으나, 집 앞에서 기다리고 있던 관리들에 놀라 자신의 집으로 도망갔고, 다음 날 부인을 찾아가 설명했으나 부인은 임무를 완수하지 않았다고 이들의 고백을 거절하였다.

아홉째 날 2번째 이야기

이사베타 수녀는 친척을 따라 면회 오던 청년에게 반했고, 청년 역시 그녀를 마음에 들어 했다. 그는 이사베타를 만나기 위해 종종 수녀원에 숨어들었고, 어느 날 밤 사랑을 나누다 돌아가는 길에 다른 수녀에게 들키게 되었다. 그러나 수녀원장도 몰래 들여온 사제와 자고 있었고, 수녀들의 소리에 깜짝 놀란 원장은 두건 대신 사제의 속옷을 머리에 쓰고 나갔다. 그 사실을 전혀 몰랐던 원장과 수녀는 이사베타를 질책하였고, 그때 이사베타는 원장의 머리에 있는 속옷을 보게 되었다. 그 모습에 이사베타는 안심하며 원장에게 한마디 했고 그 순간 모두가 원장의 머리를 보고 그게 무엇인지 알아챘다. 원장은 결국 이사베타를 용서할 수밖에 없었고, 이후 수녀들도 몰래 애인을 찾아다녔다고 한다.

아홉째 날 3번째 이야기

유산으로 200리라를 받은 칼란드리노에게 브루노와 부팔마코가 땅을 사지 말고 같이 놀자고 이야기했으나 칼란드리노는 거절했다. 이에 그들은 술을 얻어먹기 위해 계책을 내어 그들을 찾아온 넬로와 함께 칼란드리노를 병자로 몰았다. 불안한 칼란드리노는 시모네 의사에게 진찰을 받는데 의사는 사전에 세 친구로부터 이야기를 들은 상태라 칼란드리노에게 임신했다고 거짓말을 했다. 그 말에 놀란 칼란드리노는 의사에게 매달렸고 의사는 수탉 여섯 마리와 현금 5리라를 요구했다. 결국, 세 친구는 칼란드리노가 산 수탉을 실컷 얻어먹게 되었고, 칼란드리노의 부인은 이들의 속임수를 알아차리고 남편에게 바가지를 긁었다고 한다.

아홉째 날 4번째 이야기

안줄리에리가 하인을 찾고 있다는 이야기를 듣고 포르타리고가 자신을 써달라고 간청했으나, 안줄리에리는 주정에다 노름까지 하는 포르타리고를 거절하였다. 하지만 포르타리고는 사정사정해 그 자리를 꿰찼다. 안줄리에리가 식사 후에 낮잠을 자는 사이 포르타리고는 노름을 하게 됐고, 안줄리에리는 뒤늦게 그 사실을 알고 포르타리고를 놓고 떠났으나 소리치며 따라오는 포르타리고에 의해 농부에게 잡혔다. 옷차림새로 인해 오히려 안줄리에리가 포르타리고의 돈을 빼앗고 도망가는 꼴이 되었다. 결국, 포르타리고는 그의 말과 옷을 빼앗아 시에나로 가 버렸고, 안줄리에리는 포르타리고의 노새를 타고 가까운 친척 집에 가 아버지가 돈을 보내 줄 때까지 있어야 했다.

아홉째 날 5번째 이야기

니콜로는 브루노와 부팔마코에게 집안을 그림으로 장식해 달라고 요청하였고, 규모가 큰 작업에 그들은 넬로와 칼란드리노에게 도움을 청했다. 그러던 어느 날 니콜로의 아들인 필리포가 니콜로자라는 매춘부를 데려왔고, 칼란드리노는 그 여자에게 마음이 끌렸다. 그러한 사실을 알게 된 브루노는 친구들에게 다 알렸고, 니콜로와 필리포까지 끌어들여 칼란드리노를 놀려 주기로 했다. 편지로 연락을 이어가다 브루노의 도움으로 니콜로자와 칼란드리노가 만났고, 두 사람이 키스를 나누는 순간 넬로에게 이야기를 들은 칼란드리노의 부인이 현장을 덮쳤다. 이후 칼란드리노는 부인에게 몇 날 며칠이고 당했다고 한다.

아홉째 날 6번째 이야기

무뇨네 골짜기에 사는 호인의 딸 니콜로자와 귀족 출신의 피누초는 서로 좋아하게 되었고, 몸이 단 피누초는 그녀를 안기 위해 니콜로자의 집에 찾아가게 됐고 마침내 그녀를 안게 되었다. 그날 처녀의 어머니가 이상한 소리에 깨어나 무슨 일인지 확인하러 간 사이에 피누초의 친구 아드리아노가 소변을 보러 가면서 요람을 옮겨 놓은 탓에 아드리아노와 처녀의 어머니는 남편 몰래 욕정을 나눴고, 피누초는 집주인 옆에 누워 6번이나 즐거움을 느낀 니콜로자에 대하여 속삭였다. 이러한 상황을 잠에서 깬 부인이 알아차리고 딸 옆으로 자리를 옮겼고, 그로 인해 주인은 밤에 들었던 말을 꿈으로 착각하게 되었다. 이 일로 용기를 얻은 피누초는 몇 번이나 니콜로자를 찾아갔고 즐거움을 나누었다.

아홉째 날 7번째 이야기

고집이 세고 성미가 까다로운 부인을 맞이하게 된 탈라노는 괴로웠지만 혼자 힘들어하며 참고 있었다. 그러던 어느 날, 탈라노는 부인이 늑대에 물려 죽는 꿈을 꾸고 난 후 부인에게 밖에 나가지 말라며 경고를 하였지만, 그녀는 오히려 탈라노를 의심하며 숲에서 몸을 숨기고 있었다. 그때 갑자기 늑대가 튀어나왔고, 탈라노의 꿈대로 목이 물려 죽을 위험에 처했다. 때마침 지나가던 양치기들에 의해 구출되었으나 목과 얼굴에 흉터가 남게 되었다. 부인은 그날 이후 남편의 말을 믿지 않았던 것을 후회하며 평생 슬픔 속에 살았다.

아홉째 날 8번째 이야기

차코와 비온델로는 음식을 맛보는 일을 하며 살고 있었다. 그러던 어느 사순절 아침 두 사람은 칠성장어를 사러 갔다가 만났고, 비온델로는 무슨 일이냐 물은 차코에게 코르소 씨 집에서 쓸 물고기를 사는 중이라고 거짓 말하였다. 그날 이후 차코는 속은 사실을 알고 복수를 다짐했으며 며칠 뒤 그 두 사람은 또 마주치게 되었다. 그 자리에서 놀림을 받은 차코는 장사치 한 명을 매수하여 필리포와 비온델로 사이를 이간질하였고, 결국 비온델로는 필리포에게 두들겨 맞았다. 그때 비온델로를 찾아간 차코는 필리포 씨의 포도주 맛이 어떠냐고 물었고 그 순간 보복당한 것을 깨달은 비온델로는 이후 차코를 놀리지 않았다고 한다.

아홉째 날 9번째 이야기

멜릿소는 솔로몬 왕을 만나기 위해 예루살렘으로 가다가 요셉이라는 청년을 만난다. 이내 친구가 된 두 사람은 마침내 도착한 왕 앞에서 고민을 털어놓았다. 왕은 멜릿소에게는 사랑하라고 이야기했고, 요셉에게는 거위 다리에 가 보라는 말만 하고 내보냈다. 내키지 않은 발걸음으로 집으로 돌아가던 그들은 거위 다리라는 이름을 가진 노새와 마부를 만났다. 그들의 모습을 보고 깨달음을 얻은 요셉은 솔로몬 왕의 말대로 실행하였고 멜릿소 역시 집으로 돌아와 솔로몬 왕의 충고를 사람들에게 들려주었다. 그리하여 요셉은 아내의 버릇을 고칠 수 있게 되었고, 멜릿소는 사랑받는 사람이 되었다.

아홉째 날 10번째 이야기

신부 잔니는 장사를 하며 친해진 피에트로와 자주 서로의 집에 초대하며 친하게 지냈다. 그러던 중 어느 날 잔니를 말과 함께 재울 수밖에 없었던 남편의 마음을 알고 피에트로의 부인이 옆집에서 자겠다고 하자 자신은 말을 사람으로, 사람을 말로 바꾸는 재주가 있다며 그 뜻을 거절했다. 그 말을 들은 부인은 남편에게 이야기해 마술을 배우고자 했다. 다음 날 아침 잔니가 피에트로의 아내에게 자신의 말뚝을 삽입하는 마술을 부리는 것을 본 피에트로는 기겁을 하고 필요 없다고 소리쳤고, 잔니는 도리어 마술을 망쳤다며 화를 냈다. 이날 이후로 두 사람은 같이 장사를 하러 다녔지만 다시는 그런 부탁을 하지 않았다.

열째 날 이야기 : 너그러움과 포용

팜필로는 너그러움을 주제로 이야기를 진행하고 있다. 마지막으로 진행되는 이야기인 만큼 앞의 9일간의 이야기와 달리 너그러움과 포용, 배려와 같은 내용을 다룸으로써 당시 흑사병으로 지쳐있는 중세 유럽의 사람들을 위로하고자 했던 보카치오의 의도가 잘 드러나는 부분이기도 하다.

열째 날 1번째 이야기

부자였던 루지에리는 스페인에서 무술 솜씨를 인정받으며 호화로운 삶을 살아간다. 그러나 자신에게 아무것도 주지 않는 왕에게 불만을 느끼고 스페인을 떠나게 되었으며, 왕은 신하를 시켜 그의 뒤를 따르게 하였다. 신하는 루지에리가 떠나는 길에 하는 말을 듣고 왕에게 전했고 왕은 루지에리를 다시 불러들였다. 왕은 루지에리에게 운이 나빠 기회가 없어서 선물을 못 받았다고 이야기하며, 운을 시험하자고 제안했다. 이에 루지에리는 왕의 제안을 받아들여 두 가지 궤 중 하나를 선택하였고, 그 궤를 열자

흙만 가득하였다. 그것을 본 왕이 운이 나쁘다는 사실을 알았으니 운이 주지 않은 금궤를 들고 고향에 가라고 웃으며 말했다.

열째 날 2번째 이야기

기노라는 도적은 시에나의 온천으로 길을 떠나던 수도원장을 포위하였고, 기노의 성까지 모셔 왔다. 기노는 신분을 숨기고 수도원장을 만나러 갔고 수도원장이 시에나에 가는 목적을 알게 되었다. 기노는 수도원장에게 자신이 위병을 고칠 수 있다고 하였고, 며칠 뒤 원장의 위병은 정말로 좋아졌다. 이후 기노는 원장의 짐을 다 가져다 놓고 자신의 신분을 밝히며 필요한 짐만 챙겨 돌아갈 것을 권했다. 원장은 정말로 기노의 말대로 꼭 필요한 짐만 들고 돌아갔다. 이후 수도원장은 교황에게 그간 있었던 일을 전하며 기노에게 은총을 내려 달라 청했고, 교황은 기노를 기사로 임명하였다. 그 후 기노는 수도원장과 친구로 지내며 평생 하나님의 종이 되었다.

열째 날 3번째 이야기

나탄의 이야기를 들은 미트리다네스라는 젊은이는 나탄처럼 큰 저택을 지어 오가는 사람들을 대접했다. 그러던 어느 날 한 노파가 찾아와 나탄과 미트리다네스를 비교하였고, 자존심이 상한 미트리다네스는 나탄을 죽이기로 하고 그를 찾아갔다. 미트리다네스는 자신의 계획을 나탄에게 말하였고, 나탄은 분노를 느꼈으나 조언을 해 주었다. 다음날 숲에서 나탄을 본 미트리다네스는 눈물을 흘리며 용서를 빌었고, 나탄은 용서가 필요 없다며 위로했다. 그에게 감동한 미트리다네스는 진심으로 그에게 목숨을 바치고 싶다고 말했으나 나탄은 그마저 거절하고 그를 극진히 대접했다.

열째 날 4번째 이야기

니콜루초의 아내를 짝사랑하던 젠틸레가 시장의 부름을 받고 볼로냐를 떠났을 때 니콜루초의 임신한 아내가 발작을 일으켰고, 워낙 심한 발작에 모두 부인이 죽은 줄 알고 장사를 지냈다. 그 소식을 들은 젠틸레가 묘지로 달려갔고 부인이 살아 있음을 알게 된 그는 부인을 묘지에서 꺼내 집으로 데려와 간호했다. 이윽고 정신을 차린 부인은 자신을 집에 돌려보내 달라고 하였으나 젠틸레는 자신이 모도나에서 돌아올 때까지만 집에 있길 요구했다. 그 후 젠틸레 기사가 볼로냐로 돌아온 뒤 파티를 열었고, 부인을 사람들에게 보여주기 전 부인의 이야기를 하인에게 빗대어 말했다. 그러면서 젠틸레는 부인에 대한 권리는 자신에게 있다고 하며 아이의 양부로서 부인과 아이를 니콜루초에게 선사하고 싶다고 말했다. 니콜루초는 그에게 고마움을 표했고 그 후로 젠틸레 씨는 니콜루초 집안과 가깝게 지냈다고 한다.

열째 날 5번째 이야기

안살도라는 남작이 디아노라 부인에게 구애하였으나 부인은 그 구애에서 벗어나고자 불가능한 일을 남작에게 요구했다. 그러나 안살도 남작은 그 요구를 들어줬고 부인은 어쩔 수 없이 남편 질베르토에게 이러한 사정을 사실대로 말했다. 처음에 남편은 분개하였으나 부인의 마음이 결백한 것을 알았으니 몸을 한 번만 허락해도 좋다고 했다. 그러자 부인은 눈물을 흘리며 거절하였고, 다음 날 아침 안살도를 찾아가 남편의 이야기를 전했다. 그 말에 감동한 안살도는 명예를 훼손할 수 없다며 부인과는 누이동생으로, 질베르토와는 형제로 지내겠다고 하였다.

열째 날 6번째 이야기

샤를 왕이 가스텔로 해안에 피서를 왔다가 네리 씨의 집을 방문하게 되었다. 그때 왕은 네리가 보낸 그의 쌍둥이 딸에게 반했고, 구실을 만들어 가며 그의 집을 찾아갔다. 그러나 핑곗거리를 찾는 데 한계가 있었고 결국 아가씨들을 다 빼앗아 오기로 마음먹게 되었다. 그 사실을 알게 된 귀도 백작은 왕에게 욕망을 누르고 백성의 모범이 되라고 부탁하였고, 그 말은 왕의 마음에 비수로 꽂혔다. 결국, 왕은 마음을 다잡고 두 아가씨를 공주로서 귀족 기사들과 결혼시킴으로써 자기 욕심을 극복했다.

부자 약장사의 딸인 리사는 마상 창술 시합을 벌이는 페드로 왕을 보고 사랑에 빠졌다. 결국 리사는 상사병에 걸려 나날이 수척해졌으며, 혹시나 하는 마음으로 미누초를 불러 달라고 요청했다. 리사는 페드로 왕에게 자주 불려가던 미누초에게 자신의 이야기를 왕에게 전해 달라고 간청하였고 가엾어 보이는 그녀를 보고 승낙했다. 이후 미누초는 왕 앞에서 노래를 부르며 리사의 사랑에 대한 마음을 전했고 리사의 이야기를 들은 왕은 기뻐하며 리사의 문병을 하러 갔다. 이후 리사는 병이 나았고 왕은 평생 리사의 기사임을 자칭하며 리사가 선물한 장식용 띠를 매었다고 한다.

티투스는 지시푸스와 함께 철학자인 아리스티푸스의 문하에서 공부를 하면서 우애를 다졌다. 이후 소프로니아와 지시푸스가 결혼하게 되었고 그녀의 얼굴이 궁금했던 지시푸스는 티투스와 함께 보러 갔다. 그녀의 얼굴을 보고 반한 티투스는 상사병이 나 병상에 누웠고 그 사실을 알게 된 지시푸스는 소프로니아를 자신의 아내로 맞이하되 잠자리는 티투스와 함께 하는 것으로 제안했다. 그러던 중에 티투스가 로마로 돌아가야 했고, 그래서 소프로니아에게 사실을 알렸다. 그 후 언쟁이 오갔으나 결국 소프로니아는 티투스와 함께 했고, 지시푸스는 초라한 행색의 자신을 알아보지 못하는 친구에게 분노하며 죽기로 마음먹고 거짓 진술로 사형선고를 받았다. 뒤늦게 사실을 안 티투스가 죄를 뒤집어쓰려 하던 와중에 진범이 나타났고, 세 사람의 이야기를 들은 옥타비아누스는 세 사람 모두 석방했다.

술탄이 기독교도 군을 염탐하러 가는 길에 우연히 토렐로라는 귀족을 만났고, 토렐로 씨는 술탄을 외국 귀족이라 여기고 정성을 다해 대접하였다. 이에 감동한 술탄은 토렐로 씨에게 보답하리라 맹세했다. 이후 십자군 원정대에 합류하게 된 토렐로 씨는 이내 술탄의 포로로 감옥에 갇혔다. 그러던 중 매 부리는 재주를 인정받은 그를 술탄이 알아보고 극진히 대접하였다. 그러나 부인은 남편이 죽었다는 잘못된 소식을 들었고, 남편과 약속한 날짜가 지나 재혼을 하게 되었다. 그 이야기를 술탄이 알게 된 후 마술사를 고용하여 토렐로 씨의 침대를 그대로 큰아버지의 수도원으로 보냈고, 아내의 속마음이 궁금했던 토렐로 씨는 몰래 결혼식에 참석하였다. 토렐로 씨는 포도주를 이용해 반지를 부인에게 보냈고, 그 반지를 확인한 부인은 토렐로 씨에게 달려가 안겨 모두에게 상황을 설명한 후 집으로 돌아갔다.

열째 날 10번째 이야기

구알티에리는 그리셀다라는 처자를 마음에 두고 있었고 마침내 그녀를 아내로 맞이하게 되었다. 얼마 뒤 그는 아내의 인내심을 시험해보고 싶어 화를 내고 아내가 여자아이를 낳았다고 구박하며 아이를 죽인 것처럼 하고 친척 집으로 보냈다. 그 이후에 아들을 임신했을 때도 한 번 더 아내를 시험했고, 몇 년 뒤, 마지막으로 아내를 시험하기 위해 아내에게 친정으로 돌아가라고 했다. 결국, 부인은 슬픔을 참으며 친정에 돌아갔고 구알티에리는 새 신부를 맞는 것처럼 꾸몄다. 결혼식 날, 구알티에리는 아들과 딸을 데려와 모든 것을 사실대로 밝히며 자기 아내를 여전히 사랑하고 있다고 말하였다. 사람들은 그의 행동이 잔인하다고 말하기도 했으나 한편으로는 총명하다고 말하기도 했다.

제 2 편

데카메론 카드

제1편 데카메론 전반에서 이야기한 내용을 포함하여 데카메론 카드 상담 전문가로 나아가기 위해 기초 연계 내용을 재조명하고 추가 보완, 설명한다.

1. 데카메론 카드 기원

제1편 - III. 데카메론 개론 - 1. 데카메론의 의미와 유래 부분에서 설명했듯이, 데카는 10(일), 메론은 이야기를 의미한다. 즉, 데카메론은 10일간의 이야기라는 뜻으로 이탈리아 작가 조반니 보카치오*가 쓴 1300년대 14세기 중세 시대의 이야기로, 1348년 흑사병이 발병했던 시대를 주제로 한 소설이다. 14세기 조반니 보카치오(1313~1375)는 사랑, 종교와 관련된 사회를 그렸으며, 피렌체를 혼란 상황에 빠뜨린 흑사병을 주제로, 삶에 대한 과거의 편견과 미신에 신경 쓰지 않고 부도덕하고 거리낌이 없는 존재들에 관해 설명하며 관습과 도덕에 새로운 혁명적인 세계를 추구했다.

14세기 사회는 신성과 신성모독이 혼합되어 있었고, 교회의 폭력과 성적인 검열의 저주로부터 보호하기 위해 악의적이고 역설적인 어휘들이 예술적인 언어와 은유적이고 은밀한 이미지로 표현되었다. 이런 표현으로 인해 20세기까지 보카치오는 순응주의자들로부터 악마로 만들어지며 배척되었다. 하지만 보카치오의 데카메론은 사람의 마음에 감동을 전하는 아름다운 사랑의 예술 작품이었다.

당시의 흑사병이라는 전염병은 치사율도 높을 뿐 아니라 발병 원인도 제대로 파악되지 않았으며, 감염된 사람들과 직·간접으로 접촉만 해도 전염되는 무서운 병이었다. 몇 개월 사이에 전염병으로 도시의 절반이 죽

---

* 조반니 보카치오는 1313년 이탈리아 중부에 위치한 토스카나 상인의 아들로 태어나 어린 시절을 피렌체에서 보냈다. 1340년대부터 본격적인 작품 활동을 하던 보카치오는 흑사병이 발병하던 시기인 1348년 데카메론 책을 썼다.

어 나가는 등 피렌체는 시체들로 가득 찼고, 이 시체들은 장례식도 제대로 치르지 못하고 쓰레기처럼 버려졌다. 병자가 많고 전염성이 높아 주위 사람들과 교류가 제한되었던 시기이며, 언제 죽을지 모르는 혼돈의 시기였다. 또한, 성적으로도 문란했던 시기였다. 성직자나 수도사들도 성적인 탐욕을 하며 섹스를 즐기던 시대였고 연인, 부부간의 스와핑 그리고 간통, 강간이 난무하던 시대였다. 동성애도 많았던 시대였으며 언제 죽을지 모르니 지극히 개인주의적인 시대였다.

내일 지구가 멸망한다면 수강생들과 독자들은 무엇을 하겠는가? 한 그루의 사과나무를 심겠는가? 그리운 사람과 같이 보내겠는가? 아니면 지난 날들을 정리해보겠는가? 평소 마음에 두었던 사람에게 사랑 고백을 하겠는가? 사랑하는 사람과 미처 나누지 못한 사랑을 진하게 나누어 보겠는가?

이 시기의 사람들도 각기 다른 여러 가지 반응을 보였는데 일부는 절제와 금욕생활을 했고 일부 다른 사람들은 마음껏 먹고 마시는 일을 일삼았으며 또 다른 일부는 마음껏 즐기는 생활을 하였다. 또한, 법과 계율을 다 버리고 아무 거리낌 없이 자유분방했으며 집과 재산을 버리고 도시를 떠나 인적 없는 한적한 시골로 이주했다.

저자 보카치오는 불행한 사람들의 괴로움을 덜어주기 위해 이 책을 쓴다고 했다. 이처럼 불안하고 침울한 시기에 사회적으로 존경받을 만한 7명의 여성과 3명의 남성이 피렌체 교외의 산타마리아 노벨라 사원에 모여 매일 한 사람씩 교대로 진행자를 정해서 진행자가 지시하는 대로 하루의 일과를 진행한다. 그리고 진행자가 정한 주제를 가지고 하루 중 가장 더운 시간에 그늘에 모여 각자 한 가지씩 이야기를 한다. 이들은 신을 경외하는 의미로 금요일과 토요일에는 모이지 않았으며, 12일의 기간 동안 100가지의 여러 가지 다채로운 이야기가 펼쳐지는데 주제는 크게 사랑과 지혜 2가지로 나뉘었다. 이 소설을 바탕으로 만들어진 카드가 데카메론 카드이다.

데카메론은 성인 타로 중 하나로 애정 관계나 속궁합을 볼 때 가장 많이 사용되는 카드이다. 성적 표현이 적나라하지만 웨이트 계열의 타로카드와는 다르게 여러 입장이 잘 표현되어 있는 카드라서 연애 및 애정 심리를 상담에 접목하기 까다로웠던 상담자들에게 좋은 상담 도구가 될 것이다. 각 카드는 성욕을 포함하여 폭력적이고, 열정적이고, 단순하고, 달콤하고, 지적이며, 연약한 사랑의 상징을 사용하여 사랑과 관련된 관계를 읽어야 할 필요가 있다. 데카메론의 단편소설에서 신비나 위선 없이 철저히 사랑으로 나아갔듯이 데카메론 카드 또한 사랑과 관련하여 상담해 나가야 한다.

2. 데카메론 카드의 구성과 전체 이미지

웨이트 계열의 타로카드 이미지와 마찬가지로 데카메론 카드의 구성은 22장의 메이저 카드와 56장의 마이너 카드, 총 78장으로 구성되어 있다.

마이너 카드 56장은 웨이트 계열의 4개의 슈트인 완드(WANDS), 컵(CUPS), 검(SWORDS), 펜타클(PENTACLES)이라는 4개의 슈트에서 완드(WANDS), 성배(CHALICES), 검(SWORDS), 펜타클(PENTACLES)이라는 4개의 슈트로 약간 조정하여 구성되어 있다.

일반적으로 메이저 카드는 우리 삶의 큰 틀을 설명하거나 본인과 직접 연계된 상황을 안내하며, 마이너 카드는 우리 삶의 세세한 부분을 설명하거나 본인과 연계된 주변 상황이나 인물 등을 안내해 준다.

전체 데카메론 카드의 78장의 이미지는 다음과 같다.

(1) 메이저 카드 22장

(2) 마이너 카드 56장

① WANDS

② CHALICES

③ SWORDS

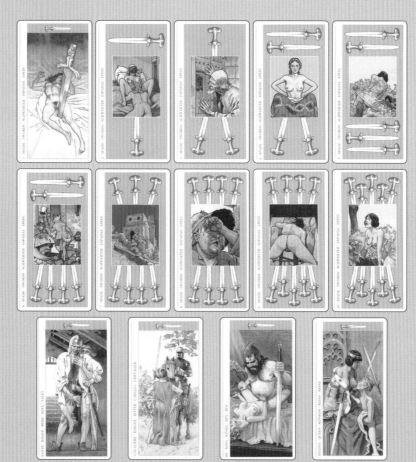

④ PENTACLES

일반적으로 가장 많이 접하는 타로카드가 마르세이유 및 웨이트 계열의 카드일 것이다. 아마도 지금 이 책을 읽고 있는 독자들 상당수가 마르세이유 및 웨이트 계열 타로카드를 공부했거나 어느 정도 알고 있을 것이다. 그러면서 더 많은 타로카드를 공부하여 상담의 활용 폭을 넓히려 할 것이다.

혹시 마르세이유 및 웨이트 계열의 타로카드를 접하지 않고 데카메론 카드를 생애 첫 타로카드로 공부하는 분들은 가능하면 마르세이유 및 웨이트 계열의 타로카드를 한번 공부하고 접한다면 그 이해의 폭이 훨씬 넓을 것이다. 그 이유는 타로카드 중 원조격인 어머니, 아버지로 불리는 카드가 마르세이유 및 웨이트 계열의 카드이기 때문이다.

또한, 타로카드는 상징으로 이루어져 있고 상징은 이미지로 구성되어 있기에 그 상징을 제대로 파악한다면 다른 타로카드 공부에도 같은 맥락으로 접목할 수 있기 때문이다. 예를 들어 흰색은 단순함, 순수함, 솔직함을 나타내며, 반사, 일방적이라는 의미도 가지고 있다.

물론 카드의 상황에 따라 접목하는 방향이 달라질 수 있으나 상징의 개념을 잘 파악하고 있다면 데카메론 카드를 포함한 전반적인 타로카드 공부에 상당한 도움이 될 것이다. 우리나라 타로카드 대표서인 (개정판) 『타로카드 상담전문가』(해드림출판사, 최지원 외)를 추천한다.

이런 이유로 독자들의 이해를 돕고 전문가적인 지식 함양을 위해 데카메론 메이저 카드와 마이너 카드 내용 구성은 상징, 원서 해설, 실전 상담 적용&활용이라는 부분으로 나누어 설명하였다.

또한, 마르세이유 및 유니버셜 웨이트 카드 이미지를 비교할 수 있도록 배치하였으며 메이저 카드에는 카드마다 실전 상담 예시를 추가 수록하였다.

메이저 카드는 인생, 삶의 큰 틀을 잡아준다. 총 22장으로 구성되어 있으며 우리 인생의 시작부터 완성, 그리고 새로운 출발을 의미하는 다채로운 주제로 펼쳐진다. 8번이 JUSTICE(정의), 11번이 STRENGTH(힘)로 배열된 것은 마르세이유 계열을 따르는 배열이라는 것과 12번 THE HANGED WOMAN(매달린 여자)의 주인공이 여성이라는 점 등이 특히, 다른 타로카드와 구분하여 살펴 볼 부분이다.

타로카드 하나하나의 상징 속에 들어 있는 의미가 무엇인지 파악하는 것은 타로카드의 가장 기초라고 할 수 있다. 하지만 그것보다 중요한 사실은 카드 배열의 전체적인 연계이다. 즉, 카드의 배열상 카드가 어떻게 연결되어 접목되는지를 파악하는 것이 전문가에 이르는 지름길이다.

TIP 수강생과 독자들에게 전문가를 알아보는 하나의 팁을 주려고 한다. 지금 우리나라에는 전국 어디서나 본인이 타로 상담전문가라고 자칭하며 타로 상담을 하는 곳을 어렵지 않게 찾아볼 수 있다. 그분들 중, 만일 여러 장의 카드를 배열하고 카드 간의 종합적인 연계 없이 카드 한 장 한 장만을 파악하여 상담하는 사람이 있다면 그분은 십중팔구 비전문가이다.

0
THE FOOL

마르세이유 & 유니버셜 웨이트*

새로운 시작, 잠재 능력, 독창적,
개성, 좌충우돌, 미완성, 자유 추구,
비현실적, 순수하다, 무책임하다,
충동적이다, 무계획성, 무소유,
무모하다, 위험에 유의하라

데카메론 카드 상징

1 **나비** 자유로운 이동, 자유 추구(기존 형식에 얽매인 틀에서 벗어나 자유로워지고 싶은 욕구)
2 **슬리퍼** 자유로움, 얽매이지 않음
3 **떨어진 양말** 소유에 대한 욕심 없음 또는 소유의 부족함, 현재 상황이 순탄하지 않음
4 **빨간 두건** 열정적 사고
5 **떨어진/노란색** 경제적 여유 없음 / 지적인 부족, 안정 추구
6 **흰색 속옷** 내부에 간직하고 있는 순수함, 솔직함, 큰 욕심 없음
7 **여자의 흰색 옷** 순수함, 큰 욕심 없음
8 **작은 주머니/빨간색** 큰 욕심 없음, 무계획적/움직임이 활발함
9 **왼손/오른손** 무의식(잠재의식)/의식

데카메론 카드 이미지 핵심 해설

찢어진 양말을 신고 성기가 노출된 거지 옷차림의 남자 주인공이 왼발에 신고 있던 신발을 벗어 왼손에 들고 나비를 잡으려 하고 있다. 옆의 여자는 남자의 성기에 관심을 가지며 자극하고 있지만 남자는 이를 인식하지 못하고 있다.

* 데카메론 타로카드가 마르세이유 타로카드와 웨이트 계열의 타로카드를 일부 모방하였기에 개정판에서는 데카메론 타로카드를 공부하며 마르세이유 타로카드와 웨이트 계열 중 국내에서 많이 사용하는 유니버셜 웨이트 타로카드를 비교하여 간단히 정리할 수 있도록 두 타로카드의 이미지와 공통의 키워드를 간단히나마 같이 정리하였다.

데카메론 원서 해설을 통한 실전 상담

원서 The woman wants sex; The man sometimes loses himself in useless daydreams. Lightheartedness and freedom carry heavy sacrifices.

해설 여성은 육체적 관계를 갈망하나 남성은 때로 헛된 몽상에 빠지곤 한다. 근심 없는 가벼운 마음과 자유에는 무거운 희생이 따르기 마련임을 기억하라.

원문&직관을 활용한 기본 실전 상담

1 두 사람 사이에 차이가 있다. → 현실 추구 vs 이상 추구
2 현실적인 상황, 환경과 다르게 자유로움을 추구한다.
3 권태(이유: 성적 관심 부재, 건강이나 체력적인 문제, 추구하지 않는 대상)
4 상대방의 관심, 방향과 어긋나는 상황

실전 상담* 예시

사례 30대 초반의 남자 친구가 결혼에 관심이 없나 봐요. 아니, 사랑에 관심이 없나 봐요. 퇴근 후나 주말이면 혼자만의 취미(낚시)를 하려고 합니다. 지금의 상황을 알고 싶어요. (20대 후반의 여성 내담자)

리딩 지금 남자 친구분은 연애나 사랑에 큰 관심이 없다 보니 결혼을 그리 중요하지 않게 생각하고 있습니다. 그러다 보니 내담자분과 사고의 차이도 생기게 되며, 현실을 파악하지 못하고 이상만 추구하고 있습니다. 남자 친구분과의 진실한 대화를 통해 현실적 상황과 목표를 공유하실 필요가 있습니다.

---

* 데카메론 타로카드는 사랑과 관련된 질문으로 진행하는 것이 가장 효율적인 상담이나, 일반적인 질문에도 데카메론 타로카드를 사용할 수 있음을 알려 주기 위해 몇 개의 질문은 사랑과 관련 없는 질문을 제시하여 실전 상담 예시를 구성하였다.

I
THE MAGICIAN

마르세이유 & 유니버설 웨이트

창조적 능력, 의지, 잠재 능력,
창의력, 속임수, 능력자 독창적,
전문가적 자질, 탁월한 의사소통,
다재다능, 영리＆분석적, 거짓말에
유의하라

데카메론 카드 상징

1 **도구 상자** 현실 세계의 많은 것을 능숙히 다
룰 수 있는 능력의 소유자
2 **평범한 외모** 눈에 보이거나 외부적인 요인
은 크게 개의치 않음
3 **보라색 모자／보라색 양말** 영적인, 정신적
인 능력자／정신적, 초월적 기반 추구
4 **청록색 신발＆(왼쪽)수선** 균형과 안정적인
삶을 추구＆일부 결여, 부족함
5 **갈색 윗옷／하얀 옷(오염)** 실제적인 면, 현
실적인 면을 강조／순수함의 퇴색
6 **빨간 커튼** 정열적이고 자신감 소유, 강한 성
적인 추구

데카메론 카드 이미지 핵심 해설

수염이 덥수룩한 남성이 무엇인가를 기대하
는 표정으로 여유롭게 오른쪽 다리를 왼쪽 다
리에 올리고 빨간 커튼에 기대어 의자에 앉아
있다. 또한, 오른손은 여성의 엉덩이를 만지며,
왼손은 도구를 들고 있다. 여성은 옷을 벗은 채
로 엉덩이를 내밀며 살짝 놀라는 표정을 하고
있으나 이 상황을 거부하지 않고 자발적으로
무엇인가를 기대하는 이미지이다.

데카메론 원서 해설을 통한 실전 상담

원서 Let's set aside illusions and keep our feet planted on the ground. Work and love, these are the secret of life.

해설 환상은 잠시 접어두고 현실을 냉철하게 바라보라. 일과 사랑이야말로 인생의 비밀이다.

원문&직관을 활용한 기본 실전 상담

1 능력 있고 정열을 소유한 사람
2 행동에 있어 당당하고 거만함(느긋하며 상대를 본인 마음대로 취급)
3 평범한 방법보다 특별한(도구) 방법이나 취향
4 조심스럽게 기대하는 상황
5 자신 있는 행동, 실행의 시작

실전 상담 예시

사례 30대 초반의 연하 남자 친구가 제대로 된 직업에 안착하지 못하고 있습니다. 남자 친구의 지금 상황을 알고 싶어요. (30대 중반의 여성 내담자)

리딩 지금 남자 친구분은 너무나 자신감에 불타 열정을 태우고 있는 상황입니다. 또한, 여러 면에서 가능성을 발휘할 수 있는 능력자입니다. 그러다 보니 어느 하나에 안착하기 어려운 상황이지요. 남자 친구분은 이런 다방면에 대한 마음의 열정을 차분히 가라앉히고 실제 행동으로 옮길 수 있는 직업을 위하여 직접 발을 내디뎌야 할 필요가 있습니다.

II
THE HIGH PRIESTESS

마르세이유 & 유니버셜 웨이트

지혜, 지식, 이중성, 비밀스러움, 수용, 수렴, 신비로움, 정신적 관계, 신중한, 빠른 육감, 직관적, 주위와 조화

데카메론 카드 상징

1 **경전** 성스러움과 지식, 지혜
2 **머리/왕관 모자** 신념, 사상, 사고, 가치관/ 권위적이고 이성적 옹호
3 **보라색 스카프/노란색 모자** 정신적인 추구/현실적, 안정 및 지적 고수
4 **눈, 몸의 표현, 빨간 매니큐어** 성적 욕구, 강한 욕망
5 **성기 목걸이** 성적인 욕구가 강렬함
6 **열쇠** 문제의 해결책
7 **두 사람의 모습(왕/자위)** 현실적 추구와 원초적 욕구

데카메론 카드 이미지 핵심 해설

머리에 두건과 같은 왕관 모자를 쓴 주인공이 책(경전)을 엉덩이에 깔고 앉아 있고, 남성의 성기 목걸이를 목에 걸고 있으며 열쇠고리에 왼쪽 엄지손가락을 걸고 발로 밟고 있다. 그 뒤에는 근엄한 표정으로 정면을 응시하는 남성과 자신의 성기를 자위하며(또는 성기 모형을 들고) 야릇한 눈빛을 보내는 남성이 있다.

데카메론 원서 해설을 통한 실전 상담

원서 Unhoped-for goals can be achieved through study and tenacity. But once at the top, act prudently. Every success has its cost.

해설 배움과 끈기로 뜻밖의 목표를 달성할 수 있다. 다만, 일단 정상에 올랐다면 신중하게 행동할 것. 모든 성공에는 그만한 대가가 따르는 법이니.

원문&직관을 활용한 기본 실전 상담

1 보이지 않는 욕망의 표출
2 합리적 상황과 욕망(원초)적 상황에 대한 갈등
3 성적인 욕망의 제어
4 자신의 행동에 있어 소극적이고 남들의 시선(체면)을 중요하게 생각

실전 상담 예시

사례 20대 중반의 나이에 다시 대학 입시 공부를 하고 싶습니다. 젊은 친구들과 경쟁을 해야 하는데 어떻게 해야 할까요? (20대 중반의 여성 내담자)

리딩 지금 마음속에서는 학문에 대한 열정, 학구열이 불타오르고 있습니다. 하지만, 외부에 대한 시선으로 마음속에 불타오르는 열정을 밖으로 표출하기가 어려운 상황이군요. 특히, 젊은 친구들과의 경쟁이 가장 큰 걱정이군요. 그냥 이루어지는 결과는 없습니다. 불가능한 목표로 보이지만 연구와 끈기를 통해 신중하게 행동한다면 그 목표는 달성할 수 있습니다.

III
THE EMPRESS

마르세이유 & 유니버셜 웨이트

풍요, 소유, 물질, 실용, 임신,
출산, 순결, 순수, 고귀함,
여유롭다, 넉넉하다, 성공적이다,
열정적이다, 만족스럽다, 실질적,
아름답다

데카메론 카드 상징

1 **왕관/갈색 두건** 권위와 명예/현실적 안정 추구

2 **파란색 옷과 신발** 냉정, 침착하며 왕성한 성욕(감정)

3 **황금 목걸이** 권력, 현실적 가치의 재물을 과감히 행사

4 **양* 모양의 목걸이** 즉흥적이고 적극적이며 고집이 있음

5 **옷을 벗지 않고 성행위** 즉흥적인 행동, 욕구가 강함

6 **뚱뚱한 여왕** 탐욕스럽고 욕심 많음, 자제력 없음

7 **흰 목도리** 순수, 솔직함, 과감한 자신의 욕구 표현, 일방적임

8 **광대 복장의 남성** 하위 지위의 행동하기 편한 대상

데카메론 카드 이미지 핵심 해설

궁궐로 보이는 장소 안에서 여왕이 갈색 두건과 왕관을 쓰고 양 모양의 펜던트 목걸이를 건채 성적 행위를 하고 있다. 남성은 의자에 앉아 여왕을 뒤에서 안고 성행위를 하며 무거운 여왕에 깔려 힘들어하는 표정이고 반면 여왕은 즐거워하는 표정이다. 두 사람 중 누구 하나도 옷을 벗지 않은 채로 성적 행동을 하고 있다.

* 점성학 별자리에서 양자리는 뾰족한 얼굴과 숫양의 뿔을 상징하는 기호를 사용한다. 양(+)의 에너지를 소유하고 있으며 진취적이고 적극적인 성향을 가지고 있다. 특히, 4원소와 연관해서 불(火)의 성향을 가지고 있는 활동궁이라 외부의 자극을 받으면 기다림 없이 즉흥적으로 행동한다. 자세한 내용은 최지원의 심볼론 카드 책을 참고하기 바란다.

데카메론 원서 해설을 통한 실전 상담

원서 Life is a journey of love, without age limits. However, those who hold public offices should maintain discretion and moderation.

해설 삶은 사랑의 여정이며 나이에 제한이 없다. 하지만 공직에 있는 사람이라면 신중함과 절제를 유지할 수 있어야 한다.

원문&직관을 활용한 기본 실전 상담

1 스케일이 크고 즉흥적이며 본인 의도대로 행동하는 여왕 같은 성격
2 성적 매력이 부족하지만, 능력이(지위가) 있고 성적인 욕구가 왕성한 사람
3 연하의 이성을 좋아함, 강한 성적 행위의 추구

실전 상담 예시

사례 우리 회사 여자 상사가 40대 중반의 나이인데 현재 돌싱이에요. 평소에는 전혀 그런 말을 하지 않는데, 술만 먹으면 여자 친구와의 사랑 이야기를 해 달라고 하는데 이 상황을 어떻게 받아들여야 할까요? (30대 초반의 남성 내담자)

리딩 상사분은 남성처럼 여장부의 스케일이군요. 또한, 즉흥적이고 본인의 의지대로 행동하는 과감한 분이기도 하군요. 현재 상황은 내담자 본인에게 성적인 관심이 있는지 또는 감추고 있던 성적 부분을 술이라는 매개체를 통해 그리고 직장 부하이면서 연하남의 연애를 통해 간접적으로 표현하고 싶은지 두 가지로 나누어 정확히 살펴볼 필요가 있습니다. 특히, 첫 번째의 상황이라면 신중한 행동이 필요할 수 있습니다.

IV
THE EMPEROR

마르세이유 & 유니버셜 웨이트

권위, 권력, 위대함, 가부장적,
책임자, 자신감, 고집, 거만함,
파워&박력, 적극적, 지배적, 강한
의지, 독불장군, 강한 리더십

데카메론 카드 상징

1 **왕관/파란 모자** 권위와 부, 명예/감정적 추구
2 **사슴뿔/배경** 활력, 정력/정력의 부족
3 **왕의 동그란 눈과 표정** 불안하고 당황스러움, 현실적이고 이성적 망각
4 **광대의 인형/여성의 나체** 외부에 드러내기 어려운 흥미/음탕한 성적 관심
5 **천의 올챙이** 활력의 에너지 부족, 정자
6 **푸르스름한 색의 왕의 하체** 차가움, 손실, 부족
7 **여자 머리띠** 집중, 몰입

데카메론 카드 이미지 핵심 해설

사슴이 뛰고 있는 이미지를 뒷배경으로 왕이 커다랗게 눈을 뜨고 파란색 모자 위로 왕관을 쓴 채 옷을 벗고 올챙이 이미지의 천을 두르고 있다. 왕의 등에 젊은 여성이 머리에 빨간 머리띠를 하고 맨몸으로 매달려 있으며, 왕 앞의 난쟁이는 왕의 갈색 하의 천을 들어 자극하며 왕의 눈높이에 여성의 나체 인형을 들고 있다. 또한, 왕의 하체가 푸르스름한 색으로 표현되어 있다.

데카메론 원서 해설을 통한 실전 상담

원서 Power also comes from old age. Don't be ashamed by young ardor because old age truly sets in when we no longer love.

해설 권력은 많은 나이에서 오는 것이기도 하다. 젊은 열정을 부끄러워하지 않아도 된다. 나이가 듦은 우리가 더 이상 사랑을 하지 않을 때 비로소 찾아오는 것이니.

원문 & 직관을 활용한 기본 실전 상담

1 겉으로 보이는 전체적인 권위, 자신감의 충만
2 내적인 성적 에너지, 정력 부족
3 심각한 스트레스, 불안한 상황
4 부담감으로 다가오는 의무감, 책임감
5 가부장적인 사고

실전 상담 예시

사례 만나고 있는 사람이 40대 후반의 나이예요. 자신의 사업을 하고 어느 정도 기반을 잡으니 40대 후반이 되었다고 합니다. 저는 결혼을 하게 된다면 아이들을 가능하면 많이 낳아 예쁘게 기르고 싶은데, 어떨까요? (30대 초반의 여성 내담자)

리딩 만나고 있는 남자분은 참 열심히 살아오셨군요. 내담자분이 보기에도 그럴 것이고 항상 주변 사람들에게 자신감 있게 행동하고 열정적일 것입니다. 하지만, 나이가 40대 후반이다 보니 본인의 마음과 달리 성적인 부분, 정력적인 부분에서는 본인 자신도 많이 긴장하고 불안해하고 있습니다. 만나고 있는 남자분의 권위, 자존감을 존중해 주며 편안하고 진솔하게 대화할 필요가 있습니다.

V
THE HIEROPHANT

1 **빨간 반지** 권위와 지위, 세속적 욕망을 상징
2 **빨간 신발** 열정적으로 추구하는 세속적 욕
  망이나 성욕, 물질적인 욕구
3 **뚱뚱한 교황** 탐욕스럽고 욕심 많음, 자제력
  없음
4 **거무스름한 눈 주변** 음탕, 성욕 강함, 정신
  적 에너지 소진, 속임수
5 **촛불** 순수한 희생이나 헌신, 봉사

데카메론 카드 이미지 핵심 해설

살찐 교황이 하얀 모자(두건)를 쓰고 의자에
앉아 있고, 수녀는 무릎을 꿇고 마주 앉아 교
황의 옷 속으로 손을 집어넣어 성적 행위를 하
고 있다. 교황은 목에 십자가 목걸이를 걸고 오
른손에 빨간 보석이 박힌 반지를 끼고 있다. 또
한, 노란 십자가가 그려진 빨간 신발을 신고 있
으며 수녀 머리에 손을 얹고 있다. 교황 뒤로는
촛불이 있고 교황의 눈 주위는 거무스름하게
표현되어 있다.

마르세이유 & 유니버셜 웨이트

조언자, 보수적, 종교적, 지도자,
전통 고수, 지혜로운 사람,
원리원칙 중시, 전통 중시,
영적&세속, 교육자,
중재(중개)하다

데카메론 원서 해설을 통한 실전 상담

원서 Charisma. Nevertheless, sacredness is not always exempt from sin. Act prudently : Power sometimes corrupts. No compromise between the sacred and the profane.

해설 그 위신과 권위에도 불구하고 신성이 늘 죄악을 비껴갈 수 있는 것은 아니다. 신중하게 행동하라. 권력은 때로 부패하기 마련이다. 신성과 세속 사이에 타협이란 있을 수 없다.

원문&직관을 활용한 기본 실전 상담

1 상대방에 대한 희생, 헌신, 봉사
2 정신적 만족감
3 속임수, 음탕함, 유혹
4 카리스마
5 권위적이고 가부장적인 행동

실전 상담 예시

사례 회사 사장님은 저희 아버지와 절친하시고 아들만 있으셔서 그런지 저를 친딸 같다고 늘 말씀하세요. 그러면서 제가 만나는 사람들에 대해 여러 가지 조언을 서슴지 않고 말씀하세요. 어떨 때는 부모님보다도 심하게요. 도대체 왜 저한테 그러시는 것일까요? (20대 중반의 여성 내담자)

리딩 회사 사장님은 권위적이고 가부장적인 성향을 가지고 있습니다. 또한, 상대에 대한 봉사 정신이나 희생정신이 투철하신 분입니다. 내담자분을 여성으로 생각하고 있다면 유혹의 행동일 수 있으나 위의 경우에는 친구 딸인 내담자분을 본인의 친딸처럼 걱정하고 세상의 여러 가지 유혹으로부터 지켜주기 위한 아버지의 마음일 수 있습니다. 적당한 시기에 사장님과 진솔한 대화를 나누어 보심이 좋을 듯합니다.

VI
THE LOVERS

1 **고양이** 내면의 부정적 욕구, 방해 요인

2 **보라색 커튼/오염** 정신적인 영역, 치유의 색/퇴색, 방해

3 **노란색 이불** 안정적이고 여유로운 상황

4 **금발과 흑발** 신분의 격차, 수준의 차이, 사고의 차이

5 **뒤의 남자** 남녀와 관련 있는 지인이나 주변 인물

6 **녹색의 배경** 안정적이고 편안한 환경

7 **흥분된 유두** 성적인 만족

데카메론 카드 이미지 핵심 해설

노란색 침대 위에서 젊은 남녀가 사랑을 나누고 있다. 금발 여성은 눈을 감고 왼손으로 고양이의 검은 꼬리를 잡고 있으며 흑발 남성은 눈을 뜨고 여성을 살피며 애무하고 있다. 남성의 한 손은 여성의 가슴을 다른 한 손은 음부를 만지며 입으로 여성의 가슴 아래를 애무하고 있다. 침대 뒤쪽에 걸려 있는 오염된 보라색 커튼 뒤로는 한 남성이 놀란 표정으로 이 장면을 몰래 훔쳐보고 있다.

마르세이유 & 유니버셜 웨이트

연인, 사랑, 결혼, 갈등, 우정, 매력, 의사소통, 신중한 선택, 인연, 아름다움, 유혹, 감언이설에 유의, 좋은 인간관계, 관계(사랑)의 시작, 성숙한 관계

데카메론 원서 해설을 통한 실전 상담

원서 If you have the joy of winning the favor of a young woman, or man, don't be reticent but rather offer real proof of your passion.

해설 젊은 여성이나 남성의 호감을 얻고자 한다면, 표현을 아끼기보다는 당신의 열정을 진실로 증명해 보라.

원문 & 직관을 활용한 기본 실전 상담

1 정신적, 육체적으로 친밀한 관계
2 숨김없이 커뮤니케이션이 잘되는 관계
3 주위의 눈을 의식하지 않는(의식해야 하는) 상황
4 주변 상황에 대한 적극성 필요

실전 상담 예시

사례 한 달 전에 카페에서 바리스타 일을 시작했습니다. 미혼인 여사장님이 누나처럼 많이 챙겨 주고 계시는데, 이상하게 최근 들어 여사장님께 이성적인 감정을 느끼기 시작했습니다. 어떻게 해야 할까요? (20대 중반의 남성 내담자)

리딩 카페 사장님과 커뮤니케이션이 잘 되는 관계이시군요. 마음의 편안함도 느끼는 관계이며 정신적인 위안도 삼고 있군요. 중요한 것은 명확한 선, 정확한 관계라는 것입니다. 카페 사장님과 허심탄회한 대화를 통해 현재 상황을 파악하는 것이 중요하며, 내담자분 또한 이에 대한 적극적인 행동이 필요한 상황입니다.

VII
THE CHARIOT

데카메론 카드 상징

1 **마차** 신속, 편리한 이동 수단으로 강한 추진력을 의미
2 **이삭** 결과를 얻어 낼 수 있는 활용성, 융통성, 무엇인가를 얻고자 하는 욕구
3 **모자** 배려, 희생, 베풂
4 **파란색** 물의 색깔, 감정적, 감수성
5 **노란색 배경** 상황적으로 평안함과 여유로움

데카메론 카드 이미지 핵심 해설

카드 전체의 배경이 노란색으로 되어있다. 얼굴이 보이지 않는 여성이 마차에 누워서 왼손으로 남성에게 모자를 씌워 주고 있다. 그 옆에서 남성은 입에 이삭을 물은 채 왼손은 턱을 받치고 있고, 오른손으로 여성의 옷(치마)을 들치며 야릇한(흐뭇한) 표정을 짓고 있다. 남성은 씩 웃으며 여성의 음부를 바라볼 뿐, 적극적으로 행동을 하지 않고 있다.

마르세이유 & 유니버설 웨이트

강한 의지, 목표 달성, 성공, 승리, (일시적인)성과, 강한 추진력, 강한 자신감, 진취적인, 목적을 향한 추진, 행동을 취한다, 라이벌 제압

데카메론 원서 해설을 통한 실전 상담

원서 The chariot continues forward. There could be a pleasant surprise during the journey but be careful not to let the opportunity slip away.

해설 전차는 계속해서 앞으로 내달린다. 이 여정을 이어가는 동안 뜻밖의 기쁨을 마주할 수도 있겠지만, 돌이킬 수 없는 실수로 그 기회가 훌쩍 도망가지 못하게 조심해야 할 것이다.

원문 & 직관을 활용한 기본 실전 상담

1 물질보다 감정의 만족
2 서로 만족스러운 편안한 관계
3 계획하지 않은 은연 중의 관계
4 뜻밖의 기회 포착의 중요성
5 상황에 따른 대처 능력

실전 상담 예시

사례 올해 대학 수시, 정시에 모두 떨어져 재수를 계획하고 있습니다. 그런데 갑자기 여자 친구가 제가 원하는 학과의 추가 시험 소식을 전해 왔습니다. 어떻게 해야 할까요? (21세의 남성 내담자)

리딩 소식을 전해온 여자 친구분은 내담자분을 많이 배려해 주고 있군요. 갑작스럽게 찾아온 기회라 어리둥절할 수 있습니다. 기회는 늘 찾아오지만은 않습니다. 기회가 찾아왔을 때 잘 포착하여 상황에 잘 대처하는 것도 인생에서 성공을 이루기 위한 상당히 중요한 과정입니다.

VIII
THE JUSTICE

1 **저울** 균형, 공평, 서로 간의 비교 분석

2 **해골** 지난 과거의 좋지 않은 추억

3 **채찍 허리띠** 제한, 통제

4 **저울의 조각상** 남녀의 평등, 치우치지 않음

5 **눈가리개** 현실적인 앞을 보지 못함, 결정할
  수 없음

6 **빨간 쿠션** 열정과 의지를 포함한 과거와의
  경계, 안정 추구

7 **초록색**** **양말** 조화, 균형을 통한 안정 추구

데카메론 카드 이미지 핵심 해설

알몸의 여성이 해골 무덤 위에 빨간 쿠션을 깔
고, 옷을 벗은 채로 저울을 들고 채찍과 같은
허리띠로 자신의 허리를 조르고 있다. 눈은 하
얀 천으로 가리고, 고개는 오른쪽으로 돌리고
있다. 저울의 양쪽에는 수염과 큰 성기를 소유
한 남성과 풍만한 육체의 여성 조각상이 각각
균형을 이루고 있다.

마르세이유 & 유니버셜 웨이트*

정의, 법, 중재, 형평성, 합리적인,
균형, 공평함, 시시비비, 객관적,
냉정함, 공정한 결과

* 웨이트 계열에서는 Justice가 11번에 배치된다.

** 검회색으로 파악할 경우에는 지나온 흔적, 과거의
  아픔을 의미한다.

데카메론 원서 해설을 통한 실전 상담

원서 Fortune influences loving justice. Commitment and trust are the personal qualities necessary for a satisfactory solution to the problem.

해설 정의와 공정을 지키는 것이 곧 운명에도 영향을 미친다. 만족스러운 문제 해결을 위해서는 헌신과 신뢰라는 자신의 자질부터 갖춰야 한다.

원문＆직관을 활용한 기본 실전 상담

1 잊고 싶은 과거의 청산과 현실 사이에서의 갈등
2 서로 간의 균형이 이루어지는 합리적 판단
3 스스로 선택한 냉정함, 거리감
4 마음과 행동 사이의 갈등, 두려움 (눈을 가림)
5 헌신과 신뢰의 필요성

실전 상담 예시

사례 지금 6개월 정도 만나고 있는 여자 친구는 돌싱입니다. 아이는 없고 결혼 후 1년이 채 안 되어 이혼을 하였습니다. 그런데 재혼에 대해 쉽게 결정을 하지 못하고 있습니다. 어떻게 해야 할까요? (30대 중반의 남성 내담자)

리딩 지금 여자 친구분은 좋지 않았던 과거와 새로운 시작을 해야 하는 현재 사이에서 내적인 갈등을 겪고 있습니다. 너무 서둘러서 재촉하기보다는 약간의 시간을 가지고 진정으로 믿고 이해해 준다면 과거의 청산과 함께 새로운 출발을 할 수 있는 균형적인 판단을 하는 데 필요한 힘을 얻을 것입니다.

IX
THE HERMIT

데카메론 카드 상징

1 **남자의 긴 옷** 세상과의 거리감, 분리감
2 **등불** 세상을 밝히는 도구
3 **남자의 코** 주변 상황을 잘 파악하며, 특히 정력이 강하며 후각에 민감함
4 **여자의 파란 옷** 풍부한 감수성, 강한 성적 욕망
5 **방향을 틀어줌** 상대에 대한 배려
6 **밟고 있는 남성의 오른발** 현실적 행동의 통제
7 **밟혀 있는 여성의 왼발** 마음의 내적인 제재

데카메론 카드 이미지 핵심 해설

코가 크고 나이가 많이 든 남성이 의자에 앉아 상기된 표정으로 젊은 여성의 치마를 들어 올려 자세히 관찰, 탐구하고 있다. 남성의 오른쪽 무릎 위에는 등불을 올려놓고 있고 파란색 옷을 입고 있는 여성은 은둔자가 신체를 더욱 잘 살펴볼 수 있도록 방향을 은둔자 쪽으로 틀어 주고 있다. 남성은 온몸 전체를 긴 옷으로 감싸고 있으며 오른발로 여성의 왼발을 밟고 있다.

마르세이유 & 유니버셜 웨이트

내적 탐구, 자아 성찰, 고독, 침묵,
인내, 생각이 많은, 고민하는,
일시 후퇴, 조언, 지혜, 탐구, 연구,
신중한, 철학적인

데카메론 원서 해설을 통한 실전 상담

원서 An attractive body troubles even an ascetic spirit. But don't be deceived by hypocrites and false virtue. Deception is lying in wait.

해설 매력적인 육체가 금욕적 정신마저 애먹이고 있다. 그러나 위선과 거짓된 선에 속아 넘어가지 말지어다. 거기엔 기만과 속임수만이 기다리고 있을지니.

원문 & 직관을 활용한 기본 실전 상담

1 내적인 지식과 외적인 행동 사이의 차이(갭)
2 위선과 거짓된 미덕에 대해 유의할 필요
3 매력적인 이성에 관한 관심, 호기심
4 관심이 가는 분야의 연구, 공부
5 세상과 단절된 고독한 상황
6 속임수

실전 상담 예시

사례 사귄 지 1년이 다 되어가는 남자 친구는 저에게 참 자상합니다. 그런데 이상하게 사람들이 많은 곳의 외출을 불편해 합니다. 다른 연인들처럼 해외여행도 다녀오고 싶은데… 혹시 저와 결혼을 생각하지 않는 것일까요? (20대 후반의 여성 내담자)

리딩 남자 친구분은 복잡한 세상이나 외부적인 환경을 즐기는 성향이 아닙니다. 이보다 본인의 내적인 탐구와 관심이 가는 분야를 오히려 더 즐기는 성향입니다. 따라서, 내담자분과 결혼을 생각하지 않는다기보다는 사람이 많은 곳의 외출을 불편해 하는 것이고, 그러다 보니 당연히 해외여행을 다녀오는 것은 더욱더 어려운 상황이지요. 서로를 이해하면서 시간적 여유를 가지고 서서히 이루어가는 변화가 필요할 수 있습니다.

X
THE WHEEL

X · LA RUOTA (DELLA FORTUNA) - THE WHEEL - DAS RAD - LA RUEDA - LA ROUE

마르세이유 & 유니버설 웨이트

행운, 우연, 전환, 새로운 이동,
반복, (부분적)성공, 도약,
운명적인 기회, 뜻하지 않은 행운,
긍정적 변화, 터닝 포인트, 작은
일의 완성, 자연적 순환

데카메론 카드 상징

1 **수레바퀴** 계속적인 반복, 업그레이드, 순환,
   변화
2 **지팡이** 보조 역할의 도구, 주도
3 **옷을 벗음 / 입음** 성적인 행동에 있어서 적
   극성 / 소극성
4 **파란 머리띠** 성적인 욕구에 집중
5 **붉은 머리** 성적인 욕구에 대한 강렬함
6 **갈색 신발 / 초록색 신발** 현실적 추구 / 안
   정, 균형 추구

데카메론 카드 이미지 핵심 해설

수레바퀴의 원형 안에서 두 남녀가 69자의 성
행위 자세로 섹스를 하고 있다. 원형 라인을 밟
고 있는 모자를 쓰고 있는 남자는 왼손에 지팡
이를 들고 오른손으로 자위를 하며 이 장면을
바라보고 있다. 여성들은 모두 옷을 벗고 있고,
반면에 남성들은 모두 옷을 입고 있다. 원 밖의
아래쪽에는 검은 머리의 여성이 파란 머리띠
를 하고 이 장면을 바라보고 있다.

데카메론 원서 해설을 통한 실전 상담

원서 To the disenchantment of bad luck, we can compensate with solidarity and mutual help. Selfishness regarding sexual matters does not pay off.

해설 불운을 벗어나기 위해 우리는 결속과 상호 협력을 통해 만회할 수 있다. 성적 문제와 관련해, 당신이 지닌 이기심은 해결에 도움이 되지 않는다.

원문&직관을 활용한 기본 실전 상담

1 새로운 변화, 업그레이드
2 운명적인 만남, 계속 이어지는 인연
3 삼각관계, 양다리, 스와핑
4 복잡하게 얽혀 있는 관계
5 문제 해결을 위한 단결과 협력의 필요성

실전 상담 예시

사례 우리 커플은 각각 친구들의 소개로 만났습니다. 그러면서 두 커플이 잘 어울려 여행도 다니고 있습니다. 그런데 최근 들어 커플 간 또는 커플 내에서 약간의 트러블이 생기고 있습니다. 지나고 생각해 보면 별것도 아닌 것에 대해 서로 이견이 있어 충돌이 있었던 것 같습니다. 어떻게 해야 할까요? (20대 중반의 여성 내담자)

리딩 두 커플 간의 여러 상황이 반복되다 보니 서로의 문제 상황이 많이 얽히게 되었군요. 또, 남의 떡이 커 보인다는 옛말이 있듯이 오히려 상대 커플의 이성에 대한 긍정적인 마음, 기대감도 있었을 수 있군요. 두 커플은 커플 간 또는 각자의 신뢰와 믿음으로 현재 상황을 극복해야 할 것입니다. 이 상황을 슬기롭게 잘 대처한다면 더욱 좋은 관계로 업그레이드하여 나아가게 될 것입니다.

XI
STRENGTH

1 **검** 사고의 결단, 사고의 표출
2 **파란 머리띠** 성적인 욕구에 집중
3 **전쟁 막사/실내** 상황적 어려움/개의치 않음(안정된 상황)
4 **갑옷** 방어 능력, 상황 대처 능력
5 **튼튼한 허벅지** 힘과 능력
6 **빨간색(옷, 검집)** 정열, 열정, 뜨거움, 활동적

데카메론 카드 이미지 핵심 해설

전쟁터의 막사로 보이는 실내에서 장군 복장의 남성과 알몸의 여성이 사랑을 나누고 있다. 남성은 갑옷을 입고 있으며 근육질인 다리 위에 알몸의 여성을 올려놓고 성기를 삽입하고 있다. 여성의 오른팔은 남성의 목을 감싸고 있고, 왼손으로는 남성의 칼자루를 잡고 칼을 꺼내고 있다.

마르세이유 & 유니버셜 웨이트*

강인함(내적＋외적), 인내심, 강한 의지, 용기, 개성의 힘, 외유내강, 지혜로움, 강한 자신감, 수용, 포용

* 웨이트 계열에서 Strength는 8번에 배열된다.

데카메론 원서 해설을 통한 실전 상담

원서 Affection and getting carried away by feelings have the power to fight brute force. Reconcile relationships and soften up.

해설 애정, 그리고 감정에 의한 이끌림에는 냉혹한 힘에 맞설 수 있는 능력이 숨겨져 있다. 관계를 받아들여 조화시키고 부드럽게 유화시킬 것.

원문&직관을 활용한 기본 실전 상담

1 상황에 따른 변화 가능성
2 상황 판단이 뛰어남, 자기주장 강함
3 경계, 의심, 이성적이고 냉철한 상황
4 서로에게 이로운 목적이 있는 관계
5 관계 회복과 부드러움의 필요성
6 마음과 감정의 중요성

실전 상담 예시

사례 저는 초등학교 여자 동창과 카페를 2년째 동업하고 있습니다. 저는 카운터와 서빙, 오픈과 클로즈를 담당하고 동업을 하는 친구는 바리스타와 계산, 결산을 담당합니다. 주방 업무는 보통 같이 하고요. 상당 부분 잘 맞고 서로를 원하고 있는데, 가끔 결산에서 약간 티격태격합니다. 어떤 상황인지 알고 싶습니다. (30대 초반의 남성 내담자)

리딩 지금 두 분은 서로에게 필요한 관계입니다. 또한, 나름 각자의 역할에 최선을 다하고 있습니다. 문제는 그런 필요성에도 불구하고 검을 들까 말까 하는 갈등의 관계는 각자의 이익을 상대방이 수용하기 어려울 정도로 요구한다든지 상대의 필요성이 나보다 못할 때일 것입니다. 서로를 배려하며 감정을 잘 통제하고 부드럽게 접근하며 커뮤니케이션함이 필요할 것입니다.

XII
THE HANGED WOMAN

마르세이유 & 유니버셜 웨이트

정체, 관점 바꾸기(새로운 사고),
헌신, 진퇴양난, 수용, 반전, 인내,
희생, 봉사, 시기상조, 주위에
베풀어라

데카메론 카드 상징

1 **그네** 안정되지 않은 움직이는 상황
2 **여자의 손** 상황과 다른 어려운 이상적 추구
3 **푸르른 색 / 붉은 옷** 풍부한 감수성 / 성적
   욕망
4 **시선** 관심, 마음의 끌림
5 **빨간색 / 흰옷** 정열적 / 순수함, 본능적
6 **떨어진 신발** 현실을 파악할 만한 정신이 없
   음, 현실적인 상황의 망각

데카메론 카드 이미지 핵심 해설

푸르른 색의 옷을 입은 그네를 탄 여인이 가슴
과 음부를 노출한 채로 그넷줄을 꽉 잡고 있다.
나무 위의 남성은 내부에 흰옷을, 겉에는 빨간
색 옷을 입고 여성의 시선을 받으며 성기를 여
성의 입에 넣으려 하고 있다. 땅을 밟고 있는
남성은 흰색 옷의 상의와 보라색 계통의 바지
를 입고 그넷줄을 잡고 여성의 음부를 살피고
있다. 여성의 갈색 오른쪽 신발 한 짝이 발에서
벗겨져 떨어지고 있다.

데카메론 원서 해설을 통한 실전 상담

원서 Short-lived love. The suitors deceive themselves into thinking that their prey is all theirs, unless they are happy with fleeting pleasure.

해설 오래지 못할 덧없는 사랑. 구혼자(남성)들은 순간적 쾌락으로 만족하는 경우 외에 그들 사랑의 대상(여성)이 서로 자신만의 것으로 생각하며 스스로를 기만하고 있지는 않은지.

원문 & 직관을 활용한 기본 실전 상담

1 주변 상황(인물, 환경)에 이끌림
2 현실적 불만족
3 개방적인 성향
4 마음의 이끌림에 의한 이상 추구
5 불륜, 양다리 관계

실전 상담 예시

사례 저와 여자 친구는 주말 커플입니다. 여자 친구의 직장은 서울이고 제 직장은 세종이다 보니 거리가 있고 올해부터 제가 서울에서 세종으로 주거지를 옮겼습니다. 그런데, 여자 친구가 요즈음 전화 통화가 어렵습니다. 어떤 상황인가요? (30대 초반의 남성 내담자)

리딩 여자 친구분은 내담자분과 안정적인 관계, 만남을 가져왔군요. 하지만, 몸이 멀어지다 보니 현실적인 불만이 생기게 되고 마음속으로 추구하는 새로운 대상이 생긴 듯합니다. 두 분 사이에는 안정감도 중요하겠지만 여자 친구분의 마음을 이끌 새로움이 필요할 것입니다. 조금 더 관심을 갖고 서로의 마음을 의지하고 신뢰할 수 있는 계기가 필요합니다.

XIII
DEATH

1 **해골** 과거의 추억, 인연, 집착, 미련
2 **낫** 과거를 끊어 버리고 새로운 환경으로 나아가려는 의지
3 **큰 엉덩이** 강한 성적 욕구, 에너지
4 **황금 들판** 풍요, 여유, 안정적 상황
5 **검은 망토** 실체를 알 수 없음
6 **흰색 스타킹** 순수함, 모든 것을 반사함(받아들이지 않음)

데카메론 카드 이미지 핵심 해설

풍성함이 느껴지는 황금 들판에서 해골 위에 있는 한 여성이 오른손에 큰 날의 낫을 들고 있다. 이 여성은 연분홍색 치마에 하얀 스타킹을 신고 있으며 주위의 나무를 베어내고 있다. 큰 엉덩이 뒤로는 결실이 잘 맺힌 밀이 선명하게 그려져 있다. 황금 들판 끝에는 실체를 알 수 없는 사람이 검은색 망토를 입고 여성을 바라보는 듯하다.

마르세이유 & 유니버셜 웨이트

종결과 시작, 큰 변화, 새로운 시작(희망), 해방, 죽음, 실패, 과정의 마무리, 파멸, 고통, 절망, 새로운 것 추구, 삶의 변화

데카메론 원서 해설을 통한 실전 상담

원서   Time passes and we can't slow it down. It's best not to turn down joy for fear of something new or because of shyness. Let go of the past.

해설   시간은 흘러가고 그 속도를 늦출 수 없다. 새로운 것에 대한 두려움 때문에, 혹은 지레 겁을 먹고서 다가올 기쁨을 피하지 말아야 한다. 이제 과거는 놓아 주어야 할 때다.

원문 & 직관을 활용한 기본 실전 상담

1 과거 청산과 새로운 시작
2 자연적 순리
3 현실적 순응
4 준비되지 않은 이별
5 과거보다 나은 미래

실전 상담 예시

사례   남자 친구 부모님의 반대로 남자 친구와의 관계에 큰 문제가 생겼습니다. 연상이라는 것이 가장 큰 이유라고 합니다. 어떤 방향으로 흐르게 될까요? (30대 중반의 여성 내담자)

리딩   자연적 흐름은 누구도 막을 수 없습니다. 아직 이별이 준비되지 않았고, 큰 미련이 남을 수 있을 것입니다. 하지만, 곧 마음을 정리하게 될 것이고 그로 인해 머지않은 미래에 새로운 인연을 만나게 될 것입니다. 너무 낙심하지 말고 현실적 상황에 순응하면서 슬기롭게 준비하는 것이 필요할 것입니다.

XIV
TEMPERANCE

조화, 균형, 적절한 덜어냄, 조절,
인내, 현실에서의 실현 어려움,
중용, 원활한 교류, 절제, 절충,
통합, 치우침을 방지, 인내력

데카메론 카드 상징

1 **여자의 흰색/보라색 옷** 순수함, 자신의 사
  고가 명확함, 고차원적인 사고
2 **머리띠** 집중
3 **찢어진 옷** 경제적 궁핍
4 **술병** 현실적 상황
5 **탁자** 현실적 상황과 욕망적(감정적) 상황의
  경계
6 **빨간색/파란색** 열정적/감성적

데카메론 카드 이미지 핵심 해설

술집으로 보이는 공간에서 한 여성이 탁자 위
에 빨간색 옷을 입고 있는 남성을 위해 술을 따
르고 있다. 동시에 왼손으로는 자신의 치마를
들어 올려 탁자 밑 파란색 옷을 입고 있는 남성
이 엉덩이를 왼손으로 만지며 편하게 음부를
애무하도록 돕고 있다. 여성의 속옷은 흰색, 겉
옷은 팔꿈치에 구멍이 나 있는 보라색 계통의
옷을 입고 있으며 파란색 머리띠와 빨간색 허
리띠를 차고 있다.

데카메론 원서 해설을 통한 실전 상담

원서 Women's behavior is often unpredictable and is not based on reasonable criteria. Don't ever think that you have your loved one in your grasp.

해설 여성들의 행동은 종잡을 수 없을 때가 많고, 합리적인 근거라고는 찾아볼 수 없다. 사랑하는 이를 완전히 이해하고 있다는 생각은 절대로 금물.

원문&직관을 활용한 기본 실전 상담

1 현실적 상황과 욕망적(감정적) 상황
2 보이는 부분과 숨겨진 부분
3 경제적 궁핍에 따른 이중성
4 동시에 2~3가지 일을 진행할 경우(일과 연애, 양다리)
5 책임감, 적응력

실전 상담 예시

사례 직장에서 동기로 입사한 사람이 있습니다. 동기이기는 하지만 저보다 4살이 어리고 저를 오빠처럼 잘 따르고 있습니다. 또 서로 마음이 통하는 것 같고 여성으로 느껴져서 호감이 갑니다. 그런데 둘만의 시간을 갖고 여러 이야기를 나누고 싶은데 도통 시간을 내 주지 않습니다. 본인은 퇴근 후에 다른 일이 있다고 진짜 미안하다고 늘 이야기합니다. 제가 부담스러운 것일까요? (30대 초반의 남성 내담자)

리딩 여성분의 현재 상황이 어떤지 파악할 필요가 있습니다. 즉, 여성분의 말처럼 진짜 퇴근 후 다른 일이 있어서 시간을 낼 수 없는 상황인지, 아니면 다른 이유가 있는 것인지 등을 정확히 파악할 필요가 있습니다. 내담자분은 상대를 이해해 주고 배려함이 중요할 수도 있습니다. 보이는 부분이 항상 전부라고 생각해서는 안 됩니다.

XV
THE DEVIL

마르세이유 & 유니버설 웨이트

중독, 치우침, 쾌락, 욕망, 섹스,
유혹, 불륜, 창조, 집착, 속박, 구속,
불안, 실패, 복종, 망상, 치우치는,
도가 넘는 부적절한 관계,
부정적인 사고

데카메론 카드 상징

1 **회색 두건/머리** 명확히 파악하기 어려운
상황/사고
2 **칼** 성욕이 강함, 위협적인 상황
3 **신발/벗겨진 신발** 현실적 상황/현실적 상
황의 망각
4 **촛불** 희생, 봉사
5 **흰옷/빨간색 옷(여성)** 순수함/열정적
6 **걸고 있는 오른발** 현실적 만족, 유지 희망

데카메론 카드 이미지 핵심 해설

회색 두건을 쓴 남성이 여성을 뒤에서 껴안은
채로 섹스를 하고 있다. 남성은 다리가 짧은지
양쪽 발꿈치를 들고 뒤에서 자기 멋대로, 강압
적으로 성관계를 하고 있으며 여성은 남성에
의해 섹스가 이루어지지만 긴 다리를 땅에 닿
지 않으려 상체를 탁자에 의지하고 있다. 여성
은 오른쪽 슬리퍼를 벗고 남성의 다리를 걸고
있으며 바닥에는 칼이 놓여 있다.

데카메론 원서 해설을 통한 실전 상담

원서 Anxiety and extreme sensuality. To fight boredom of repeatedness, try new and original ways. Joy can come from suffering.

해설 열망과 극단적 관능. 반복에서 오는 권태감에서 벗어나기 위해 새롭고 독창적인 방법을 시도해 보는 것이 좋다. 기쁨은 고통에서 나오기도 한다.

원문&직관을 활용한 기본 실전 상담

1 강압적이고 일방적 관계
2 고통으로부터의 쾌락
3 자기 멋대로의 행동, 개인 우선주의
4 평범함에서의 일탈
5 새로움의 추구

실전 상담 예시

사례 지금 상황이 참 무력합니다. 권태인 것 같기도 하고요. 너무 무력하고 삶의 의미가 뭔가 싶기도 합니다. 지금 상황에서 어떻게 해야 할까요? (40대 초반의 여성 내담자)

리딩 현재 내담자분은 일상적인 삶에 무기력해진 상황입니다. 단조롭고 반복적인 삶에서 벗어나 새로움이 절실히 필요한 상황입니다. 이런 단조로움, 무기력함보다 어떤 분야에 집중, 몰입의 필요성도 있을 수 있습니다. 그것이 힘들고 고통스럽다고 하더라도 머지않아 즐거움으로 연결될 수 있으니까요.

XVI
THE TOWER

XVI · LA TORRE · THE TOWER · DER TURM · LA TORRE · LA TOUR

데카메론 카드 상징

1 **탑/무너짐** 자신이 이뤄 놓은 성과, 환경, 안정적인 공간/상황적 변화

2 **(상처, 옹이)나무** (일시적인) 안식처, 휴식의 공간

3 **빨간색/검정색** 열정적/외부로 나아가지 않음(모든 색을 흡수)

4 **흰 머리띠** 순수한 집중

5 **검회색/찢어짐** 무조건적 수용(흡수)에서 서서히 나아감(반사)/부족함

데카메론 카드 이미지 핵심 해설

언제 무너질지 모르는 꼭대기 부분이 붕괴한 타워를 배경으로 상처와 옹이가 있는 나무 아래에서 젊은 남녀가 성적 유희를 즐기고 있다. 남자는 구멍 난 검회색 계열의 옷을 입고 있으며 여자는 빨간색 계열의 옷에 검은색 조끼를 입고 있다. 남성은 팔베개를 하고 턱을 고이며 만족하고 있고 남성의 성기를 여성이 손으로 만지며 발기시키고 있다. 두 사람의 얼굴은 벌겋게 흥분되어 있다.

마르세이유 & 유니버셜 웨이트

갑작스러운 큰 변화, 전략, 기존 틀의 붕괴, 해방, 혁신, 신념의 급변, 관계의 파괴, 중대한 위기 상황, 안정의 몰락, 비밀(거짓)이 드러남, 파멸, 이별, 붕괴, 치명적인

데카메론 원서 해설을 통한 실전 상담

원서 Symbol of the erect and triumphant penis. Passion and sensuality. The precarious roof signifies that the level of excitement is inconstant.

해설 의기양양하게 똑바로 서 있는 성기의 상징. 욕정과 관능. 위태로워 보이는 지붕은 시시각각 변화무쌍한 흥분의 정도를 의미한다.

원문 & 직관을 활용한 기본 실전 상담

1 일시적인 즐거움, 쾌락
2 불안정한 관계, 합법적이지 않은 관계
3 갑작스러운 관계 시작(끝)
4 계속적인 열정(흥분)의 지속 가능 여부가 의문
5 간헐적인 열정과 관능

실전 상담 예시

사례 저는 30대 초반에 돌싱이 되어 지금까지 혼자 지내고 있습니다. 다행히 공무원 신분이라 경제적으로는 안정적입니다. 몇 달 전 사교 모임에서 만난 30대 초반의 남성과 지금까지 연락하고 있습니다. 사실 첫 만남에서 그 남자와 원나잇을 가졌습니다. 오랜만이어서 그런지 상당히 만족스러웠습니다. 이 남자를 진지하게 사귀어 봐도 될까요? (40대 중반의 여성 내담자)

리딩 그 남자분과 하룻밤을 지내면서 그동안의 외로움이 많이 만족되셨나 보군요. 그런데, 이 시점에서 생각해 봐야 할 중요한 사항들이 있습니다. 바로 그 남자의 어떤 부분이 현재의 나에게 가장 중요하게 영향을 미치고 있는지? 또 그 부분이 이 관계에서 계속적으로 지속될 수 있을지? 그 남자는 어떤 이유로 나를 만나고 있는지? 내가 그 남자에 대해 얼마나 많은 부분을 알고 있는지? 등의 사항이지요. 또한, 지금의 상황이 일시적인 즐거움, 쾌락은 아닐지 진지하게 생각할 필요가 있습니다.

XVII
THE STARS

새로운 시작, 희망, 평화, 관용,
헌신, 행운, 사랑의 시작, 창조적인
발상, 좋은 결과, 이상적인,
낙관주의, 믿음, 신념

데카메론 카드 상징

1 **항아리 요강** 자신의 욕구를 스스로 배출

2 **나무(가지)** 부정적인 환경

3 **알몸** 아름다움, 순수함, 성적인 욕구

4 **8개의 별** 비추어 주는 존재, 빛, 관심의 대
　 상

5 **빨간색과 파란색** 반대색, 열정과 감정의 부
　 조화(대립)

6 **남자의 갑옷** 자신의 보호 능력, 방어적 입장

7 **회색** 이중적, 파악하기 어려움

데카메론 카드 이미지 핵심 해설

컴컴한 밤, 하늘의 8개 별이, 알몸으로 나무 위
에 올라가 있는 여성을 은은한 빛으로 비추고
있다. 이 여성은 몸(특히 하체)이 그늘져 있고
오른손은 나무를 붙잡고 왼손으로는 항아리
요강을 잡고 스스로 욕구를 해결하고 있다. 그
밑에서는 빨간색과 파란색 옷을 입은 남성이
창을 발밑에 두고 칼을 찬 상태로 이 모습을 지
켜보고 있다.

데카메론 원서 해설을 통한 실전 상담

원서 The woman is a goal to be achieved, an ideal. If her carnality arouses disgust, the love is not sincere or complete.

해설 여성은 성취해야 할 하나의 목표이자 이상이다. 만일 그녀의 성욕에 넌더리를 느낀다면, 그것은 진실하거나 완전한 사랑이 아니기 때문이다.

원문 & 직관을 활용한 기본 실전 상담

1 환상, 비현실적
2 능력, 준비 부족으로 적당한 거리 유지
3 목표 대상의 선망
4 강한 (성적) 욕구, 욕망

실전 상담 예시

사례 저는 지난주 교직 이수를 위해 교생 실습을 대학 산하 남자 고등학교로 나갔습니다. 남자 교생 2명, 저 이렇게 3명이 교생 실습을 나왔더라고요. 그런데, 남자 고등학교이다 보니 남자 선생님들이 많으시더라고요. 학생들도 그렇고 선생님들도 그렇고 다른 교생 선생님들과 다르게 저에게 말을 걸어 주시는 분들이 없어요. 왜 그럴까요? 제가 비호감인가요? (23살의 여성 내담자)

리딩 내담자분께서는 외모적으로 아름다움을 겸비하고 있군요. 내담자분을 비호감으로 느껴서가 아니라 선생님들이나 학생들이 남자이다 보니 여자 교생 선생님에게 쉽게 다가가지 못하고 있는 상황입니다. 내담자분께 말을 걸고 싶은 분들이 주위에 많으니, 조금 더 기다려 보시면서 먼저 다가가신다면 조만간 많은 대화를 하실 수 있게 될 것입니다.

XVIII
THE MOON

1 **긴 의자** 현재 상황을 안정적으로 벗어나기 위한 도구
2 **매달린 남자, 던져진 옷** 예상치 않은 상황, 당황스러운 상황
3 **창문** 탈출구, 소통로, 현재 상황을 벗어난 일탈
4 **빨간 옷** 욕망
5 **하얀 두건/얼룩(그림자)** 순수한 사고/정상적이지 않은 상황으로의 변화

데카메론 카드 이미지 핵심 해설

의자 위에 빨간색과 흰색 옷이 널려있고 옷을 밖으로 황급히 던지는 한 여자가 무척 당황한 표정이다. 창문 밖에는 남자가 매달려 있고, 창문 안쪽에는 여성이 하얀 두건을 쓰고 얼룩진 빨간 옷을 들고 있다. 다급한 상황인지 옷을 미처 다 입지 못하고 있다. 이미지에서 보여주는 집 안의 분위기는 상당히 긴급한 상황이다.

마르세이유 & 유니버셜 웨이트

양면성, 불명확, 근심, 걱정, 잠재의식, 보이지 않는 영역, 직관, 불안한 상황, 사기나 배신, 명확하지 않은 두려움, 속임수, 애매한, 중상모략, 갈등하는, 동요되다

데카메론 원서 해설을 통한 실전 상담

원서 The unexpected ruins plans. Perhaps the undertaking was superficially and inconsiderately designed: Risk of being blown out of proportion.

해설 예상치 못한 상황으로 계획들이 틀어진다. 아마도 지금의 그 일은 몹시 얄팍하고, 제대로 계획된 것이 아니리라. 문제가 확대되고 부풀려질 위험이 있다.

원문&직관을 활용한 기본 실전 상담

1 긴급한 상황, 예상치 않은 상황, 당황스러운 상황
2 합당하지 않은 관계, 불륜
3 불길한 예감
4 다른 상황의 동경

실전 상담 예시

사례 지난주 소개팅으로 만난 여성분에게 애프터를 신청해서 어제 만나기로 했습니다. 그런데, 약속 시간 3분을 남겨 두고 긴급한 상황이 생겨 만날 수 없다고 카톡이 왔습니다. 이게 어떤 상황인가요? (20대 후반의 남성 내담자)

리딩 많이 황당하셨겠습니다. 여성분은 일부러 그런 것이라기보다는 내담자분과의 만남을 많이 망설이셨던 것 같습니다. 내담자분과의 만남을 동경했을 수도 있고요. 하지만, 분명 갑작스러운 마음의 변화나 여성분의 연락대로 상황적 변화(남자 친구가 있는 상황이라든지)를 포함한 긴급한 일로 만나지 못하게 된 것이었을 겁니다. 추후 상황을 파악하시어 너무 아쉬워하지 마시고 인연이 아니었다고 생각하시는 편이 오히려 마음 편할 수 있겠습니다.

XIX
THE SUN

1 **사막(모래 언덕)** 상황적 제한, 어려운 환경
2 **분홍색 계열의 옷** 애정과 관심, 애틋한 마음
3 **갑옷** 보호 장구, 방어의 도구
4 **창** 공격의 도구
5 **흰옷 / 핑크빛** 솔직함, 순수함 / 애틋함, 동성애, 순수한 사랑
6 **태양(빛)** 의식

데카메론 카드 이미지 핵심 해설

강렬한 태양이 내리쬐고 있는, 물 한 방울 보이지 않는 끝없는 사막이나 황량한 모래 언덕으로 보이는 삭막한 장소에서 금발과 흑발의 두 남성이 모든 옷을 벗고 알몸으로 누워있다. 그 주위에는 울퉁불퉁한 창대의 창이 꽂혀 있고 갑옷과 투구가 뒹굴고 있다. 또한, 두 사람의 옷으로 보이는 핑크빛을 띠는 흰옷이 널브러져 있다.

마르세이유 & 유니버셜 웨이트

실현, 명확, 협동, 성공, 결과, 강한 에너지, 성공, 목표 달성, 행복, 성취, 기쁨, 합격, 강인한 건강, 임신, 탄생, 축복, 좋은 결과, 문제 해결

데카메론 원서 해설을 통한 실전 상담

원서 Affection and passion come from truth and not pretence. Everyone can find themselves in their nudity and can stop pretending.

해설 애정과 열정은 가식이 아니라 진실로부터 오는 것이다. 사람은 어떤 것도 걸치지 않았을 때 비로소 진정한 자신을 발견하게 되며, 가식에서 벗어날 수 있다.

원문＆직관을 활용한 기본 실전 상담

1 서로에게 솔직한 관계
2 소통이 잘되는 관계
3 정신적인 의지 관계, 소울메이트
4 의지의 대상
5 동성 간의 우정, 사랑

실전 상담 예시

사례 6개월 전에 소개팅으로 만난 현재의 남자 친구가 있습니다. 그런데, 6개월 전 소개팅 때부터 친구를 데리고 나왔고, 연애하는 기간 거의 모두 그 친구를 동행하고 있습니다. 처음에는 쑥스러운가 보구나 생각했지만, 지금은 도저히 이해할 수가 없습니다. 도대체 남자 친구와 그 친구는 어떤 관계인가요? 혹시 남자 친구가 동성연애자인가요? (20대 후반의 여성 내담자)

리딩 내담자분께서 오해할 만합니다. 질투 아닌 질투가 생길 수 있을 정도로 남자 친구와 그 친구분은 진실한 우정의 관계, 너무나 편안한 관계, 불알친구처럼 모든 것을 공유하는 관계라고 생각하시면 좋을 것 같습니다. 상대의 것이 곧 내 것처럼 허물없는 관계이지요. 한 가지 중요한 것은 서로 공유할 것이 있겠지만 공유되지 못하는 것도 있다는 것을 연애 관계에서 명확하게 선을 그을 필요가 있습니다.

XX
JUDGEMENT

마르세이유 & 유니버셜 웨이트

기다림, 부활, 좋은 변화, 긍정적 소식, 타이밍, 해방, 심판, 보상, 중요한 변화의 시기, 회복, 확신, 소유, 인과응보, 꿈을 성취하다

데카메론 카드 상징

1 **하얀 천** (과거) 여러 상황을 덮을 수 있는 도구, 무마책
2 **십자가** 치유의 힘, 성스러운 종교적 힘
3 **보라색** 치유의 색, 영적이고 초월과 관련된 색
4 **혼잡한 남녀** 타락했던 과거나 안 좋았던 경험이나 기억
5 **신부님** 과거의 타락함을 치유해주는 주변 인물이나 환경, 본인의 마음
6 **검붉은 배경** 부정적 과거, 잊어야 하는 과거의 타락

데카메론 카드 이미지 핵심 해설

화마가 휩쓰는 큰 산불이 난 것 같은 검붉은 배경을 뒤로하고 침대 위에서 하얀 두건을 쓴 남자, 메마른 남자, 엎드린 여자, 누워 있는 여자 등 여러 명의 남녀가 서로 뒤엉켜 난잡한 성행위를 하는 듯하다. 그 뒤에서는 보라색 종교인 복장을 한 신부님이 성난 표정으로 하얀 천을 들고 이들을 덮으려 하고 있다.

데카메론 원서 해설을 통한 실전 상담

원서 The day of reckoning has arrived. Self-criticism and conciliation, however, lead to the necessary conditions for renewal.

해설 최후 심판의 날이 도래했다. 다만 자기 비판적 태도와 융화는 부활／회복을 위한 필요조건이 될 것이다.

원문 & 직관을 활용한 기본 실전 상담

1 새로운 (재)시작
2 과거의 청산과 새로운 시작의 의지
3 완벽한 목표 달성을 이루지 못한 중도 포기
4 인과응보
5 과거 상처의 치유

실전 상담 예시

사례 남편이 40대 초반에 외도를 해서 가족들과 별거를 하며 제가 일을 하여 아이들과 15년 정도를 살아왔습니다. 아이들은 모두 성장하여 직장인이 되었고, 곧 딸아이가 결혼할 예정입니다. 그런데, 최근 들어 남편이 딸아이에게 연락하고 있나봅니다. 딸아이가 전화도 안 받고 무척이나 싫어합니다. 제가 어떻게 해야 할까요? (50대 후반의 여성 내담자)

리딩 지난 세월 내담자분께서 많은 고생을 하셨군요. 특히, 지난날 남편의 외도로 안 좋은 기억과 상처가 많으시군요. 지금의 상황에서 내담자 본인과 가족을 위하는 길이 무엇일까 많이 생각하셨고, 벌써 마음 한편에서는 가족 모두를 위한 치유의 길이 아픈 추억을 덮는 것이라고 결정을 내리셨나 보군요. 내담자분이 생각하는 화해가 어쩌면 더 좋은 관계를 만들 수 있겠지요.

XXI
THE WORLD

1 **거울** 보이지 않는 곳을 볼 수 있는 도구, 자신을 위한 도구
2 **검은색 / 모자(두건)** 일방적, 교류 어려움, 위엄, 권위 / 사고, 생각
3 **호롱불** 배려, 희생
4 **빨간색 계열** 강한 열정, 욕망
5 **녹색 계열** 균형, 안정
6 **책 / 덮임** 지식, 깨달음 / 지식 통달, 완료
7 **태양계 모형** 큰 목표 달성, 최종적인 완성
8 **노란 천으로 입구가 봉해진 항아리** 지식이나 안정의 성과, 축적

데카메론 카드 이미지 핵심 해설

남녀가 탁자 위에서 사랑을 나누며 남성이 여성의 음부를 거울로 비추어 보고 있다. 사랑을 나누고 있는 내부를 호롱불이 비추고 있고, 옆에 책이 놓여 있으며, 입구가 노란 천으로 봉해진 항아리가 놓여있다. 여성이 자신의 가슴을 만지며 남성의 엉덩이를 끌어당기고 있고 남성이 뒤에서 성행위를 하는 상황이라 서로 얼굴을 볼 수 없으며 여자의 얼굴은 태양계(세계) 형태의 이미지에 가려져 있다.

마르세이유 & 유니버셜 웨이트

최종 완성, 목표 달성, 완벽함, 완성 후의 새 출발, 성공, 해피엔딩, 큰 사이클의 완성, 결혼, 노력한 대가, 완전한 상태

데카메론 원서 해설을 통한 실전 상담

원서 Intelligence and knowledge assert themselves on the laws of the universe. Spirit and body proceed together. Don't look far for what is so near.

해설 지성과 지식은 우주의 법칙 위에서 비로소 공고해진다. 정신과 육체는 함께하는 것. 가까이에 있는 것을 멀리서 찾으려 하지 말지어다.

원문 & 직관을 활용한 기본 실전 상담

1 오래된 관계, 서로 완벽히 이해하는(아는) 관계, 정신과 육체의 통달(이해)
2 서로 강하게 원하는 관계
3 큰 목표 달성, 부부의 완성, 마무리, 이별
4 감정을 숨김(얼굴이 가려짐), 자기중심적, 소통 부족
5 전문가(Professional)

실전 상담 예시

사례 몸이 멀어지면 마음이 멀어지나 봅니다. 3년 전 신혼 때만 하더라도 하루에 몇 번씩 남편과 사랑을 나누었지만, 올해부터는 주말부부여서 그런지 1주일에 한 번? 아니 한 달에 한 번 사랑을 나누기도 어렵습니다. 흥분도 없고 서로 의무적인 관계입니다. 어떻게 해야 할까요? (30대 후반의 여성 내담자)

리딩 내담자분과 남편분은 3년의 시간 동안 신혼을 통해 서로에 대해 많이 알아 왔고 호기심과 성적인 욕망도 채워 오셨습니다. 현재는 서로에 대해 많이 알게 되었다고 할까요? 의무적인 관계라 느껴질 수도 있으나 본인들이 알고 있는 상대에게 적합한 성적인 자극을 줄 필요가 있습니다. 새로운 방법도 좋지요. 성인 영화나 동영상을 시청하는 것도 좋습니다. 새로운 곳으로의 여행을 떠나도 좋고요. 새로운 방법과 환경을 통해 서로가 요구하는 관계가 이루어질 수 있을 것입니다.

마이너 카드는 완드(WANDS), 성배(CHALICES), 소드(SWORDS), 펜타클 (PENTACLES)의 4개의 슈트, 56장으로 구성되며 메이저 카드보다 상황을 구체화하여 우리가 살아가고 있는 현실, 객관적인 사실을 파악할 수 있다. 이처럼 마이너 카드는 좀 더 자세한 일상생활의 내용과 상황을 보여준다. 세상의 모든 만사를 이 네 개의 슈트로 모두 설명할 수 있고, 연관지을 수 있다.

마이너 카드는 숫자로 구성된 숫자(Pip) 카드와 인물(Court) 카드로 구분된다.

숫자 카드	완드, 성배, 소드, 펜타클(4원소)이 각각 10개씩인 숫자 카드, 총 40장으로 구성되며 세부적으로 직면하고 있는 문제 상황, 대처 방법을 알려 준다.
인물 카드	각 인물의 인성적 특징을 의미한다. 시종, 기사, 왕, 여왕의 인물에 각각 4원소에 해당하는 카드가 연계되어 16장으로 구성되며 인간(인성) 발달 단계에 따른 다양한 특성을 알려 준다.

마이너 카드의 4개 슈트에 해당하는 직접적인 의미는 아래와 같다.

완드 (WANDS)	불(火)을 상징하며, 직관, 행동, 모험, 에너지, 투쟁, 격정과 극한 경험을 나타낸다.
성배 (CHALICES)	물(水)을 상징하며, 감정, 사랑, 관계, 영혼을 의미한다.
소드 (SWORDS)	공기(風)를 상징하며, 사고, 갈등, 고통, 내면을 의미한다.
펜타클 (PENTACLES)	흙(地)을 상징하며, 물질적, 현실적 상황, 세계, 육체적 관련성을 의미한다.

하지만 중요한 사실은 각 슈트의 직접적인 의미와 간접적인 의미는 연계되어 있다는 것이다. 즉, 성배는 직접적인 의미로 감정, 사랑을 의미하

지만, 펜타클의 직접적 의미인 돈, 경제력도 간접적으로 의미할 수 있다. 사람과 사람이 감정적 충만을 얻어 물질적 만족을 얻게 되는 경우를 우리 삶에서는 많이 볼 수 있다.

1
WANDS

데카메론 카드 상징

1 **굵은 성기 모양의 나무** 강한 성적 욕망
2 **빨간 열매 / 보라색 열매** 육체적 사랑, 강한 여성성 / 본연의 추구, 초월적 사랑
3 **부여잡고 있는 오른쪽 다리 & 뒤꿈치를 들고 있는 왼쪽 다리** 강한 열정, 욕구
4 **초록색 환경** 자연적 상황, 균형과 안정적 환경

데카메론 카드 이미지 핵심 해설

한 여성이 성기 모양의 굵은 나무를 놓치지 않으려고(떨어지지 않으려고) 나무에 밀착하여 왼쪽 발꿈치를 들고 오른쪽 다리로 꽉 끼고 있는 이미지이다. 생명력이 왕성해 보이는 초록색 땅에서는 빨간색 열매가, 웅장해 보이는 나무에는 보라색 열매가 열려 있다.

데카메론 원서 해설을 통한 실전 상담

원서 Sexuality comes from nature. The beginning of a loving relationship to be wenthusiastically continued.

해설 성욕은 자연의 섭리에 따른 것. 애정 어린 관계의 시작이 열렬히 이어질 것이다

원문 & 직관을 활용한 기본 실전 상담

1 사랑, 관계의 강렬한 시작
2 강한 성적 욕망
3 성적인 만족
4 적극적인 관계

마르세이유 & 유니버셜 웨이트

계획의 시작, 열정의 표출,
에너지의 발산, 의지적 목표,
새로운 시작, 성공, 창조력, 기회,
자신감, 주도적

데카메론 카드 상징

1 **초록색/그림자(빗줄기)** 안정적, 균형적/부정적, 불만족
2 **늑대 탈** 남성성, 야수성, 성적 강렬함
3 **보라색 하의** 정신적, 초월적 사고
4 **분홍색 상의/빨간색 상의** 야릇한 관계, 열정적 사랑에 이르기 부족함/열정적
5 **남성의 얼굴** 극히 평범함, 평균 이하, 실망스러움
6 **노란색+파란색 카라** 의식에 의한 감정의 단절

데카메론 카드 이미지 핵심 해설

늑대의 탈을 들고 있는 남성의 얼굴을 등지고, 보라색 하의를 입은 여성이 파란색과 노란색 계열이 섞인 카라와 안은 빨갛고 겉은 분홍색인 상의를 입고 있다. 여성은 왠지 모르는 아쉬움이 남는 듯 실망스러운 표정을 짓고 있다.

데카메론 원서 해설을 통한 실전 상담

원서 Shyness. Reserve. First experience.

해설 수줍음. 신중함. 첫 경험.

원문&직관을 활용한 기본 실전 상담

1 실망으로 인한 보류, 돌아섬
2 시작의 단계에서 보류, 시간의 필요성
3 갈등, 고민
4 보이는 부분과 실제의 차이
5 의식에 의한 감정적 차단
6 첫 경험(섹스)

2
WANDS

마르세이유 & 유니버셜 웨이트

창조적 시작, 조화와 균형, 의지의 개선, 계획(갈등), (작은)확장, (작은)도전, 선택, 새로운 계획, 기다림, 용기

3
WANDS

데카메론 카드 상징

1 **노란색 + 파란색 계열** 의식(사고)적 부분에 의한 감정의 차단 / 안정과 감정의 혼란

2 **노란 / 하얀 수염** 안정적 경륜 / 부족함, 쇠약함

3 **녹색 계열의 바지** 안정적 부분의 고수

4 **허리띠** 제약, 컨트롤

5 **노란색 배경** 안정을 추구하는 의식(지혜)적 상황

데카메론 카드 이미지 핵심 해설

남성의 바지를 내리고 여성이 그 밑에서 남성의 성기를 오럴 섹스해 주고 있다. 남성은 노란(하얀) 수염이 나 있으며, 성기를 왼손으로 잡아 여성의 입 쪽으로 넣어 주고 있다. 여성의 머리에 남성이 손을 얹고 있으며, 남성은 허리에 허리띠를 차고 있다. 남성의 노란색 상의 왼쪽에 파란색 줄무늬가 그려져 있다.

데카메론 원서 해설을 통한 실전 상담

원서 Initial success. Give joy. Boldness.

해설 첫 성공. 기쁨의 선사. 과감함.

원문 & 직관을 활용한 기본 실전 상담

1 평범한 관계의 강한 사랑

2 배려로 연결된 사랑

3 자기중심적

4 상황과 대조되는 대담

5 처음으로 만족하는 성관계

마르세이유 & 유니버셜 웨이트

의지의 확장, 용기의 결단, 독립적 성장, 에너지의 강한 표출, 목표 달성, 성공, (큰)확장, (큰)도전, 새로운 (큰)계획, 강력한 통찰력

4
WANDS

데카메론 카드 상징

1 **돌담** 외부로부터의 보호, 인생의 흔적

2 **초록색/나무** 안정적이며 조화, 균형/성숙, 결과

3 **성** 안정적인 평범한 삶, 평범한 사랑

4 **붉은 꽃** 열정적인 행복감, 아름다움

5 **구름** 평화로움, 일상적인

데카메론 카드 이미지 핵심 해설

이미지에 인물이 등장하지 않고 자연적인 주변 환경의 배경만으로 전체적인 이미지를 이루고 있다. 큰 나무와 작은 나무들이 듬성듬성 있기도 하고 돌담 안 성 쪽으로는 마치 숲처럼 나무들이 울창하다. 돌담길을 따라 정상에 성이 안정적으로 우뚝 세워져 있다. 주변은 푸르르며 붉은 꽃들이 아름답고 균형 있게 피어 있다.

데카메론 원서 해설을 통한 실전 상담

원서 Harmony, accord, peace, purification.

해설 조화, 일치, 평화, 정화.

원문&직관을 활용한 기본 실전 상담

1 안정적이고 평범한 사랑, 관계

2 안정(결혼)을 희망하는 욕구

3 조화로운 사랑, 관계

4 평화로운 상황

마르세이유 & 유니버셜 웨이트

행동에 대한 보상, 성공적 실현, 안정된 기반, 계획의 성공, 축하, 결혼, 풍요, 결실, 승리, 평화

5
WANDS

마르세이유 & 유니버셜 웨이트

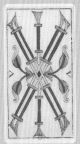 

발전을 위한 시도, 변화를 위한
확장, 상승을 위한 에너지 분출,
논쟁, 투쟁, 갈등, 분열, 욕망, 서로
얽힌, 열띤 토론

데카메론 카드 상징

1 **푸른색 계열** 감정적인, 감정에 치우친
2 **흰색** 순수함, 단순함, 일방적인
3 **초록색 계열** 균형과 조화를 강조, 안정 추구
4 **점선** 상처, 아픔
5 **굽힌 팔** 저항, 비동의, 원치 않음

데카메론 카드 이미지 핵심 해설

무엇인가 일이 뜻대로 잘 풀리지 않아 화가 나
있는 것 같은 급한 표정의 남성이 여성의 옷을
강제로 벗기고 있다. 여성은 원치 않는 듯 팔
을 굽혀 옷이 벗겨지는 것에 대해 저항을 하고
있다. 남성은 하얀 두건을 쓰고 있으며, 여성의
배와 가슴에는 점선과 같은 자국이 있다.

데카메론 원서 해설을 통한 실전 상담

원서 Obstacle overcome. Dispute for
futile reasons. Quarreling couple.

해설 장애물의 극복. 무의미한 이유로 인한 논
쟁. 연인 간의 다툼.

원문&직관을 활용한 기본 실전 상담

1 사랑의 매칭 결여 (남성의 적극성 vs 여성의
저항)
2 갈등, 논쟁, 장애물
3 다른 방법의 필요성, 스킬 부족
4 일방적인, 동의 없는 행동
5 강제로 하는 섹스
6 연인 간 다툼

데카메론 카드 상징

1 **돌집** 평범한 삶

2 **사다리** 상승 욕구, 업그레이드

3 **열매** 결실, 수확

4 **장대(농기구)** 수확을 위한 도구

데카메론 카드 이미지 핵심 해설

곡식이 익어가고 과일이 열매를 맺는 수확의 시기, 평범해 보이는 대낮의 농촌 풍경이다. 이 미지의 아랫부분에 세워져 있는 사다리의 일부가 보이고, 그 위로 열매가 주렁주렁 열려 있다. 남성이 어깨에 장대(농기구)를 짊어지고 본인의 주거지로 보이는 곳으로 귀가하고 있다.

데카메론 원서 해설을 통한 실전 상담

원서 Married life. Privacy. Everyday love.

해설 결혼 생활. 사생활. 일상적인 사랑.

원문 & 직관을 활용한 기본 실전 상담

1 근면 성실한 생활

2 평온, 평범함

3 일상적인 사랑

4 상승 욕구

5 결혼 생활

6
WANDS

마르세이유 & 유니버셜 웨이트

의지의 새로운 완성, 승리, 합격, 이상적 열정의 목표 달성, 확장 후의 성공, 합심으로 인한 성공, 리더십, 추종, 명예, 의견 통합

7
WANDS

마르세이유 & 유니버셜 웨이트

성공 유지를 위한 의지, 용기, 방어, 소유를 위한 열정, 극복, 성공, 강한 에너지의 발산, 자신감, 저항, 끈기, 열정

데카메론 카드 상징

1 **하얀 옷** 순수함, 일방적
2 **초록색 계열 침대** 안정적, 균형과 조화를 이루는 관계
3 **주먹, 손바닥** 갑작스러움, 당황함
4 **남성의 손가락** 주의, 침묵의 요구

데카메론 카드 이미지 핵심 해설

남성이 침대 위에 누워 있는 여자의 입을 막고 왼 손가락으로 "쉿" 조용히 하라는 제스처를 취하고 있다. 여자는 깜짝 놀란 표정의 눈동자로 주먹을 꽉 쥐고 있지만, 자신의 입을 막고 있는 남자를 밀어내지는 않는다. 남성은 하얀 옷을 입고 있고, 여자의 하얀 옷 상의는 풀어져 있다.

데카메론 원서 해설을 통한 실전 상담

원서 A part of the undertaking is complete. Surprise. Daring.

해설 일의 일부가 완수됨. 뜻밖의 놀라움. 대담함.

원문&직관을 활용한 기본 실전 상담

1 놀라움, 모험적, 대담함
2 현실적으로 어려운 상황에서의 관계
3 상황 극복을 위한 모험적 행동
4 목표 일부의 달성

데카메론 카드 상징

1 **보라색 계열** 초월적 사고, 치유적 갈망

2 **나무 탁자** 일시적인 장소, 즉흥적인 자리

3 **하얀 두건** 순수한 사고, 일방적 사고, 단순함

4 **노란색 계열** 안정을 추구, 지적(지혜) 사고 추구

5 **몸을 틀어줌** 갈망, 배려

데카메론 카드 이미지 핵심 해설

알몸의 여성이 나무 탁자 위에 앉아 있고 남성이 여성의 음부를 애무하고 있다. 여성은 남성을 위해 탁자 위 양손에 힘을 주어 남성 쪽으로 음부를 가깝게 내어 주며 몸의 방향을 틀어주고 있다. 남성은 하얀 두건을 쓰고 노란색 계열의 옷을 입고 있다. 여성의 몸은 보라색 빛이 드리워져 있다.

데카메론 원서 해설을 통한 실전 상담

원서 Commitment regarding the final objective. Dynamism, mental as well.

해설 최종 목표에 대한 전념. 패기는 물론, 정신력까지 동원.

원문&직관을 활용한 기본 실전 상담

1 적극적인 노력

2 관계의 상황적 절정

3 서로 간의 배려를 통한 헌신

4 최고조에 다다르는 빠른 진행

8
WANDS

마르세이유 & 유니버셜 웨이트

안정을 위한 재구조화, 재정립을 통한 안정, 에너지의 안정 추구, 이동, 빠른 진행(행동), 좋은 결과, 합격, 성공, 곧 결과에 이르다

9
WANDS

마르세이유 & 유니버셜 웨이트

의지의 절정, 에너지의 최대화,
행동에 대한 책임감, 방어, 용기,
두려움, 고난, 힘겨움, 재계획,
집중의 필요성

데카메론 카드 상징

1 **흰색 / 노란색 / 초록색** 순수, 솔직, 모든 것
을 내어줌 / 안정적 / 조화, 균형
2 **파란색** 감정적
3 **여자의 왼손** 흥분을 위한 행동
4 **남자의 표정, 여자의 표정(입)** 흥분, 절정
5 **뒤돌아봄** 방어와 경계

데카메론 카드 이미지 핵심 해설

흰색과 노란색과 초록색 계열 침대 위의 두 남
녀가 알몸으로 최고조의 절정을 느끼고 있다.
여성의 뒤에서 남성이 삽입하며 절정을 느끼
는 표정이며 여성 또한 입을 벌리며 이 상황
을 즐기고 있고 더욱 흥분을 위해 왼손으로 자
신의 음부를 자극하고 있다. 하지만 이 카드는
"watch your back"이라는 유의할 부분이 있
다.

데카메론 원서 해설을 통한 실전 상담

원서 A good situation but watch your
back. Defense and vigilance.

해설 좋은 상황이지만 경계심을 잃지는 말아
야 한다. 방어하고 경계하라.

원문 & 직관을 활용한 기본 실전 상담

1 성적인 매칭의 절정
2 서로 만족하는 최고조 상황
3 불륜, 후유증
4 방어와 경계

데카메론 카드 상징

1 **검은 그림자** 현재 상황의 부정적 사고
2 **남자의 오른손** 성적 감정을 끌어올리기 위한 행동, 경솔함
3 **노란색+검은색 계열** 의식(사고)적 부분에 의한 감정의 차단/안정과 소유, 집착의 혼란
4 **하얀 두건** 순수한 사고, 일방적 사고, 단순함

데카메론 카드 이미지 핵심 해설

침대 위에 알몸인 여성 밑으로 유독 검은 그림자가 보인다. 여성은 지쳐있는 듯 섹스에 별로 관심이 없고 내키지 않는 듯한 모습이고, 남성은 이런 여성과 사랑을 나누고 싶은 마음에 여성의 다리를 만지고 있다. 남성은 하얀 두건을 쓰고 있고 왼쪽 상의 부분에 파란 줄이 그려져 있다.

데카메론 원서 해설을 통한 실전 상담

원서 Uncertainty in managing the relationship. Indiscretion. Tiredness.
해설 관계를 쇠퇴시키는 남자의 불확실함. 경솔한 행동. 권태.

원문&직관을 활용한 기본 실전 상담

1 현재 상황의 어려움
2 상대방을 고려하지 않은 개선을 위한 노력
3 피곤함, 지침, 무리수
4 경솔함
5 상황, 관계 개선의 불확실성

10
WANDS

마르세이유 & 유니버셜 웨이트

최종적 목표 달성, 의지의 실현, 새로운 단계 의지의 시작, 욕망, 과부하, 압박감, 역부족, 성공을 위한 노력, 책임감

1
CHALICES

마르세이유 & 유니버셜 웨이트

감정 발현의 시작, 관계의 시작, 깊은 만족, 감성적 만남, 사랑의 시작, 감정의 충만, 성공, 사랑이 싹트는, 감성 충만, 행복

데카메론 카드 상징

1 **찌그러진 컵** 사랑, 관계의 미완성, 불안정, 상처

2 **녹색** 조화와 균형의 안정 추구

3 **왼쪽 / 오른쪽** 잠재의식, 마음 / 의식, 행동

4 **눌려있는 성기** 아직 사용 불가능, 부족함

5 **부실한 하체** 정력 부족

데카메론 카드 이미지 핵심 해설

초록색 두건을 쓴 남자가 큰 컵을 들어 올리고 있다. 컵은 아래 한쪽이 찌그러져 있고, 알몸의 여성이 담겨 있다. 남성의 성기는 컵에 눌려 틀어져 있다. 여성의 왼쪽 다리는 남성 쪽으로 구부리고 있고, 오른쪽 다리는 위를 향해 뻗고 있다. 남성의 상체는 근육질이지만 하체는 왠지 부실해 보인다.

데카메론 원서 해설을 통한 실전 상담

원서 The woman in the chalice symbolizes desire, but physical and spiritual force is not enough for man. Search for help, complicity.

해설 성배 속 여인은 욕망을 상징하나, 이를 감당하기에는 남성의 육체적, 정신적 힘이 부족하다. 도움을 구하거나 결탁을 도모할 것.

원문 & 직관을 활용한 기본 실전 상담

1 마음에 드는 이성과 설레는 관계의 시작

2 열망을 위한 노력의 필요

3 혼자의 힘으로는 버거운 상황

4 정상 궤도에 오르기 부족함, 시기상조

데카메론 카드 상징

1 **부풀어 오른 붉은 커튼** 욕망의 절정

2 **하얀 침대** 순수하고 안정적 환경, 본능에 충
  실한 관계

3 **성모마리아** 멘탈적인 영향력

4 **머리 양손, 떨림** 절정, 황홀경, 무아지경

데카메론 카드 이미지 핵심 해설

커다랗게 부풀어 오른 붉은 커튼 아래, 하얀 침
대에서 남녀가 무아지경의 사랑을 나누고 있
다. 여자는 최고의 절정을 느끼는 듯 양손으로
머리를 잡고 큰 만족을 느끼고 있고, 남성은 그
런 여성이 더욱 잘 느낄 수 있도록 허리를 세우
고 상체를 들어 맞춰 주고 있다. 저 멀리 성당
같은 건물에서 한 여인(성모마리아)의 이미지
가 희미하게 보인다.

데카메론 원서 해설을 통한 실전 상담

원서 Couple in ecstasy. Passion. Idyllic
  moment.

해설 황홀경에 빠진 연인. 열정. 서정적이고
  이상적인 평화의 순간.

원문 & 직관을 활용한 기본 실전 상담

1 절정인 남녀의 관계

2 무아지경, 황홀경

3 강한 성적 열정

4 정신적, 육체적 만족, 치유

2
CHALICES

마르세이유 & 유니버셜 웨이트

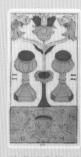 

관계의 융화, 관계의 결합, 공감,
사랑의 개화(開花), 교감, 사랑,
상호보완적 교류, 화해, 협상,
감정의 교류, 의사소통, 신뢰

3
CHALICES

1 **남성의 코** 즉흥적이며 열정적임
2 **빨간색/갈색** 열정적, 즉흥적/현실적, 실용적
3 **초록색** 조화와 균형, 안정 추구
4 **갈색(노란색) 계열** 현실적, 실용적(안정 추구)
5 **머리를 올림** 관계의 일관성
6 **털옷** 강한 열정, 욕구

데카메론 카드 이미지 핵심 해설

밝은 대낮 숲속에서 볼과 코가 벌건 검은 수염의 남자가 여성의 치마를 들어 올리며 음부(엉덩이)를 만지고 있다. 남성은 하얀 두건 위에 빨간 모자를 쓰고 있으며 붉은 털옷 위에 갈색 망토를 두르고 있다. 여성은 초록색 옷 위에 갈색(노란색) 계열의 옷을 입고 있으며 왼손으로 갈색 옷이 떨어지지 않게 잡고 있다.

데카메론 원서 해설을 통한 실전 상담

원서 Naivety. Fun. Innocent play.

해설 천진난만함. 즐거움. 순진한 놀이.

원문&직관을 활용한 기본 실전 상담

1 편한 관계에서의 스킨십
2 짓궂은 장난
3 충동적 행동
4 뜨거운 열정
5 천진난만, 순진함

마르세이유 & 유니버셜 웨이트

사랑으로의 발전, 아이의 출산, 가족의 형성, 사랑의 결실, 축배, 축하, 협상, 화합, 행복, 성공, 문제 해결, 목표 달성

데카메론 카드 상징

1 **문** 상대와 교류할 수 있는 통로

2 **갈색 계열** 현실적, 실용적

3 **벽돌** 완벽한 차단, 경계

4 **노란색 계열** 안정, 지적(지혜) 추구

데카메론 카드 이미지 핵심 해설

갈색 신발을 신고 있는 한 남성이 문을 왼손으로 조심스럽게 살짝 열고 안을 엿보고 있다. 이 남성의 상의는 하얀색, 하의는 갈색 계열을 입고 있으며 큰 벽돌로 쌓인 벽 안쪽에는 노란색 계열의 커튼과 침대가 보인다.

데카메론 원서 해설을 통한 실전 상담

원서 An intruder. Distrust. Poor self-esteem.

해설 불청객. 불신. 낮은 자존감.

원문 & 직관을 활용한 기본 실전 상담

1 확신 부족, 불신

2 용기 부족, 행동력 부족

3 소극적인 관계

4 낮은 자존감

5 조심스러운 접근

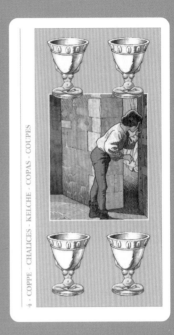

4
CHALICES

4 · COPPE · CHALICES · KELCHE · COPAS · COUPES

마르세이유 & 유니버셜 웨이트

감정적 안정, 정지된 교류, 무기력, 관계의 무기력, 권태기, 정체기, 몰입, 불만족, 포기, 낙담, 상실감, 싫증

5
CHALICES

마르세이유 & 유니버셜 웨이트

일시적인 분리(헤어짐), 새로운
감정, 감정적 변화, 집착, 실패,
부분적 손실, 상심, 후회, 외로움,
실망스러운, 불행한 관계, 미련이
남는

데카메론 카드 상징

1 **중요 부분을 가림** 거부, 불확정

2 **갈색 신발** 현실적, 실용성 추구

3 **얼룩진 파란색** 감정적 불안정, 불규칙

4 **하얀 두건** 순수한 사고, 일방적 사고

5 **노란색＋초록색 계열** 의식(사고)적 부분에
　의한 조화, 균형의 차단 / 안정과 조화의 불
　규칙

데카메론 카드 이미지 핵심 해설

노란 수염의 하얀 두건을 쓴 남성은 여성을 유
혹하며 간절히 애원하듯, 조심스레 여성의 갈
색 신발을 벗기고 있다. 여성은 이 상황을 거부
하는 듯한 표정을 지으며 왼손으로 자신의 흰
옷을 아래로 당겨 내려 음부를 가리고 있다. 바
탕 배경색은 약간 얼룩진 파란색으로 되어 있
다.

데카메론 원서 해설을 통한 실전 상담

원서 Seduction and fetishism. New ways
　　 of loving. Awakening.

해설 유혹과 성도착(페티시즘). 사랑의 새로운
　　 방법. 각성.

원문＆직관을 활용한 기본 실전 상담

1 매력적인 유혹

2 새로운 사랑의 방법

3 새로운 감정, 각성

4 페티시즘(맹목적 숭배)

5 성적인 도착

데카메론 카드 상징

1 **책(독서)** 지식 습득, 부족한 부분의 충당

2 **초록색 나무, 풀/숲** 조화와 균형의 안정 추구/강한 안정 추구, 결실을 이룰 수 있는 장소

3 **분홍색 계열** 야릇한 마음, 열정적 사랑에 이르기 부족함(충당)

4 **갈색/검은색 계열** 실용적, 현실적 추구/차분함, 침울함

데카메론 카드 이미지 핵심 해설

주인공을 제외한 어떤 누구도 보이지 않는 한적한 숲속에 주인공이 나무 그늘에 앉아 독서 삼매경에 빠져 있다. 주인공의 주위로는 푸른 풀들과 분홍색 계열의 꽃들이 즐비하다. 생동감보다는 감정적인 평온함과 안정감이 느껴지는 이미지이다.

데카메론 원서 해설을 통한 실전 상담

원서 Melancholy. Sad memories. Need for serenity.

해설 비애. 슬픈 기억들. 평온에의 욕구.

원문&직관을 활용한 기본 실전 상담

1 추억 속의 그리움

2 안정적인 평온한 관계 추구

3 충만한 사랑 추구

4 슬픈 기억, 우울함, 비애

6
CHALICES

마르세이유 & 유니버설 웨이트

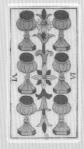

순수한 사랑, 이상적인 관계, 감정적 안정, 일시적·조화로운 관계, 향수, 동심, 추억에 집착, 과거와 관련된 순수한 희망을 건네다, 프러포즈

7
CHALICES

7 - COPPE · CHALICES · KELCHE · COPAS · COUPES

마르세이유 & 유니버셜 웨이트

감정적 정체, 뜬구름 잡는, 충동적 관계, 일방적 관계, 감춰진 감정, 과대망상, 환영, 선택, 현실성 없는, 망설임, 어찌할 바를 모름

데카메론 카드 상징

1 **음식** 에너지 보충
2 **여성의 손가락** 무언의 기대, 기대의 제스처
3 **들이마심** 급한 상황, 강한 부담감
4 **분홍색 계열 / 그림자** 야릇한 마음, 사랑의 기대 / 부족함, 부정적

데카메론 카드 이미지 핵심 해설

두 남녀가 식탁 앞에 서로 마주하고 있다. 여자는 무엇인가 잔뜩 기대하고 있는 듯한 미소로 엎드려 있고 남성은 빠르게 음식물을 섭취해야 하는 듯 수저를 사용하지 않고 음식을 들이마시고 있다. 여성은 오른손 검지를 깨물며 무엇인가를 기다리는 듯하다.

데카메론 원서 해설을 통한 실전 상담

원서 Recovery of energy. Patience and anticipation. Search for love and comfort.

해설 에너지의 회복. 인내와 기대. 사랑과 편안함을 추구.

원문&직관을 활용한 기본 실전 상담

1 사랑을 위한 에너지 회복, 충당
2 개선 가능함, 발전적 기대감
3 기대치에 미치지 못하는 현실
4 인내심

데카메론 카드 상징

1 **남성의 오른손의 칼** 위협, 협박의 도구

2 **노란색+초록색 계열** 의식(사고)적 부분에
  의한 감정의 차단/안정과 조화의 불규칙

3 **하얀 두건** 순수한 사고, 일방적 사고, 단순
  한 사고

4 **하얀 옷** 순수함

5 **얼룩진 노란색** 불안정, 사고의 결핍

데카메론 카드 이미지 핵심 해설

여자를 향해 한 남성이 위협을 하고 있다. 이
남성은 흰 두건을 쓰고 있으며 오른손으로 여
성의 얼굴을 제압하고 왼손으로 칼을 들이대
며 협박하고 있다. 여자는 놀란 표정으로 칼을
보며 위협을 느끼고 있다.

데카메론 원서 해설을 통한 실전 상담

원서 Deceit. Threats. Shame. Change a
  plan.

해설 기만. 위협. 망신. 계획의 변경.

원문&직관을 활용한 기본 실전 상담

1 속임수

2 배신감, 분노, 협박, 치욕

3 기존의 방향을 바꾼 강압, 폭력

4 계획의 변경

8
CHALICES

마르세이유 & 유니버셜 웨이트

감정적 단절, 포기, 후퇴, 일방적
관계, 관계적 정체와 갈등, 은폐된
감정, 은둔, 새로운 출발, 전환,
돌아섬

9
CHALICES

마르세이유 & 유니버셜 웨이트

감정적 안정, 만족감, 목표 달성,
성숙한 사랑, 완벽한 결혼, 성공,
풍요, 건강, 만혼이나 만삭, 행복,
평화로움

데카메론 카드 상징

1 **파란색 계열의 침대/그림자** 감정적, 욕망
   적 상황/불만족
2 **초록색 계열** 조화와 균형
3 **하얀 수염** 연륜은 많으나 정력이 부족함
4 **노란 커튼** 안정적 기반
5 **빗줄기, 그림자** 불안정, 부조화와 불균형

데카메론 카드 이미지 핵심 해설

파란색 계열의 침대 위에서 꽤 나이 차이가 있
어 보이는 남녀가 섹스 중이다. 하얀 수염의 남
성은 더 힘을 쓸 수 없는 것처럼 축 늘어져 있
다. 남성 위에서 여성은 주도적으로 섹스를 하
는 모습이지만 흥분하거나 만족스러워하지 않
는 모습이며 머리 부분에 그림자가 그려져 있
다. 커튼 옆의 벽 한쪽에 마치 구름 사이로 비
가 오는 듯한 이미지가 보인다.

데카메론 원서 해설을 통한 실전 상담

원서 Well-being. To have more than
     enough. Possibility of pregnancy.

해설 행복. 필요 이상으로 가지려 함. 임신 가
     능성.

원문&직관을 활용한 기본 실전 상담

1 웰빙(행복)의 관계
2 상대를 제압하는 성적 욕구
3 절정에 약간 이르지 못한
4 임신 가능성

데카메론 카드 상징

1 **푸른색+하얀색 침대** 감정적 욕구를 만족 시키지 못하는 상황

2 **얼룩진 커튼** 안정적 기반의 추락

3 **떨어진 남자** 정력의 탕진

4 **허리를 짚고 있는 여성** 불평, 불만족, 아이 없음

데카메론 카드 이미지 핵심 해설

9 CHALICES에서 조금의 힘도 쓸 수 없는 것 처럼 축 늘어져 있더니 마침내 침대 밑으로 남 성이 떨어지고 만다. 이 모습을 보는 여성은 깜 짝 놀라기는커녕 오히려 양손으로 허리를 짚 고 항의하듯 불평하는 모습을 보인다. 어쩌면 남성이 전혀 힘을 쓰지 못하는 부분이 못마땅 하여 남자를 침대 밑으로 떨어뜨렸는지도 모 른다.

데카메론 원서 해설을 통한 실전 상담

원서 Compromised success. An invitation to still fight.

해설 위태로운 성공. 고요한 전투로의 초대.

원문&직관을 활용한 기본 실전 상담

1 버거운 상황

2 지나친 욕구

3 기대에 미치지 못하는 노력

4 타협된 성공

10
CHALICES

마르세이유 & 유니버셜 웨이트

새로운 관계, 행복, 기쁨, 성공, 단계의 시작, 가정, 결혼, 감정적인 만족, 안정적인 관계, 해피엔딩

1
SWORDS

강한 의지의 표출, 갈등의 시작,
굳은 의지, 상승적 욕구, 강력한
자기표현, 강한 정신력, 목적의식,
명예, 권력, 승리, 주도권

데카메론 카드 상징

1 **큰 검/다리** 갈등의 시작, 깊어지는 사고, 컨
  트롤 어려움/성적 불안

2 **노란색 계열의 침대/얼룩** 안정, 지적(지
  혜) 추구/갈등

3 **손잡이의 남녀/묶임** 강한 성적 욕구/제한

4 **눈동자** 불안, 당황, 두려움

데카메론 카드 이미지 핵심 해설

노란색 계열의 얼룩진 침대 위에 알몸의 여성
이, 다리 사이로 큰 검이 꽂혀 있는 것을 보고
놀란 표정을 짓고 있다. 검은 유난히 크며 손잡
이 부분에는 남녀의 허리가 서로 묶인 채로 사
랑을 나누는 모습이 조각되어 있다.

데카메론 원서 해설을 통한 실전 상담

원서 Immediate decisions regarding
    affairs of the heart. Profound
    emotion which carries come risk.

해설 연애나 정사와 관련한 즉각적 결단. 위험
    을 수반하는 엄청난 감정.

원문&직관을 활용한 기본 실전 상담

1 정사를 위한 깊은 갈등, 고민의 상황
2 새로운 상황에 대한 불안, 두려움
3 갈등의 시작
4 즉각적인 결단
5 위험한 감정

데카메론 카드 상징

1 **초록색＋분홍색 침대** 조화와 균형, 안정 추구＋애틋한 사랑 추구

2 **푸른색＋하얀색 베개** 감정적 욕구＋순수함 사이의 갈등

3 **가면** 진실한 면의 숨김, 형식적인 관계

4 **하얀 두건** 순수한 사고, 일방적 사고, 단순한 사고

5 **갈색 침대 기둥** 현실적, 실용적 기반 추구

데카메론 카드 이미지 핵심 해설

초록색 바탕에 분홍색 무늬가 있는 침대 위에서 가면을 쓴 남녀가 사랑을 나누고 있다. 하얀 두건을 쓴 여성이 다리를 벌리고 누워 침대 아래에 있는 남성이 자신의 음부를 잘 애무하도록 얼굴을 끌어당기며 만족스러운 듯 미소를 짓고 있다.

데카메론 원서 해설을 통한 실전 상담

원서 The animal within us is showing itself. Everything will be made right.

해설 우리 내면의 동물이 그 모습을 드러내고 있다. 모든 것이 바로잡힐 것이다.

원문＆직관을 활용한 기본 실전 상담

1 본심을 감춘 욕망에 의한 관계

2 비밀스러운 관계

3 육체적 만족

4 동물적 욕구 본능

5 형식적, 일시적 충족

2
SWORDS

2 · SPADE · SWORDS · SCHWERTER · ESPADAS · EPEES

마르세이유 & 유니버셜 웨이트

(불완전한, 일시적) 균형, 숨겨진 대립, 인위적인 조화, 갈등, 자기방어, 우유부단, 선입관

3
SWORDS

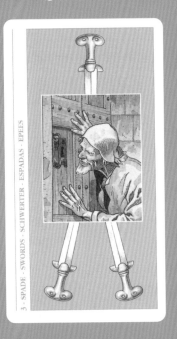

1 **문틈(구멍)** 상대와 통하는 매개체, 집착, 의심, 훔쳐봄
2 **문** 상대와의 경계, 분리
3 **노란색＋초록색 계열** 안정적 기반＋조화와 균형
4 **앙상한 손** 경제적 무력, 나약함, 병폐

데카메론 카드 이미지 핵심 해설

손에 뼈만 앙상하게 남았을 정도로 쇠약한 한 남성이 닫힌 문틈(구멍)으로 무엇인가를 엿보고 있다. 상당히 왜소하고 깡말라 보이며 당당함을 상실한 것 같이 보인다. 전반적으로 노란색, 초록색 계열의 옷을 입고 있다. 문 주위의 벽 색깔은 푸른색 계열이다.

데카메론 원서 해설을 통한 실전 상담

원서 Jealousy and morbidity. The fight for possession.

해설 질투, 병적 상태. 소유를 위한 투쟁.

원문＆직관을 활용한 기본 실전 상담

1 질투, 상처, 병폐
2 극심한 스트레스
3 자신감 상실
4 집착, 의심

마르세이유 & 유니버셜 웨이트

대립 상황의 현실화, 갈등의 표출, 감정적 상처, 혼돈의 무질서, 이별, 슬픔, 고통, 파탄, 손실, 배신감

데카메론 카드 상징

1 **하얀 옷+빨간 이불** 순수함, 일방적, 단순함
   +강한 성적 욕구
2 **여성의 표정** 불만족, 기대에 어긋남, 서운함
3 **상처** 아픔, 상처
4 **초록색 배경** 조화와 균형, 안정 추구

데카메론 카드 이미지 핵심 해설

여성이 양손을 허리에 올리고 무엇인가에 불
만스러운지 잔뜩 화가 난 표정을 짓고 있다. 여
성은 하얀색 하의를 입고 있으며 그 위를 빨간
이불로 덮고 있다. 배 부위는 마치 상처가 있는
듯 울퉁불퉁하다.

데카메론 원서 해설을 통한 실전 상담

원서 Pause for reflection. Some regrets.
    Awaiting judgement.

해설 심사숙고를 위해 잠시 멈춤. 약간의 후
    회. 판단을 기다림.

원문&직관을 활용한 기본 실전 상담

1 불만족
2 기대치에 미치지 못하는 서운함
3 약간의 후회
4 판단의 유보

4
SWORDS

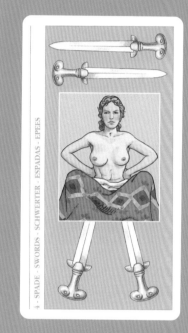

마르세이유 & 유니버설 웨이트

일시적 후퇴, 대립 상황의 숨
고르기, 사고의 재정립, 혼돈
해결을 위한 고민, 휴식, 치유,
회복, 여유와 안정, 은둔

5
SWORDS

마르세이유 & 유니버셜 웨이트

배신, 분열, 갈등 해결을 위한
새로운 시도, 고민 후의 적극적
행동, 패배, 실패, 문제 해결적
행동, 불명예, 거만, 경쟁, 이기심

데카메론 카드 상징

1 **그림자** 부정적, 불만족
2 **빨간 모자** 성적인 부분에 대한 열정적 사고
3 **초록색** 조화와 균형, 안정 추구
4 **갈색** 현실적, 실용적
5 **변색 나뭇잎** 환경의 변화

데카메론 카드 이미지 핵심 해설

성배 3번에서 보였던 남녀의 관계와 연관 있어
보이는 이미지이다. 남성의 성기가 여성의 음
부에 삽입되어 있고 남성은 여성의 초록색 계
열 치마를 올리고 있다. 남성은 갈색 양말에 갈
색 상의를 입고 있으며, 여성의 몸에는 그림자
가 드리워져 있다.

데카메론 원서 해설을 통한 실전 상담

원서 Overturn a situation. Confronting
　　 risks.

해설 상황의 역전. 직면한 위험들.

원문 & 직관을 활용한 기본 실전 상담

1 기대와 다른 결과
2 후회하게 되는 관계
3 위험, 어려운 상황에 봉착
4 상황의 변화

데카메론 카드 상징

1 **물고기 탈** 뻐끔거리기만 하는 무능력자, 남
  성성과 거리감, 유연한 남자
2 **늑대 탈** 야수성, 남성미가 돋보이는 사람,
  강한 정력 소유자로 보이는 사람
3 **알록달록 의상** 돋보임, 눈에 잘 띔, 세상에
  드러내고 싶음
4 **문** 현재 상황의 전환 통로

데카메론 카드 이미지 핵심 해설

파티나 연회장 또는 가면 무도회장으로 보이
는 곳에서 한 여성이 늑대 복장을 한 사람의 손
을 잡고 밖으로 성급히 나가고 있다. 물고기 복
장의 사람은 술에 취한 듯 소리를 지르고 있으
며, 급하게 밖으로 나가는 여성은 하얀 두건을
쓰고 알록달록한 여러 색이 섞인 옷에 허리띠
를 차고 있다.

데카메론 원서 해설을 통한 실전 상담

원서 The enemy becomes harmless.
     Surprise. Towards new situations.
해설 장애물(적)은 곧 무해해진다. 뜻밖의 놀라
     움이 기다린다. 새로운 국면으로의 전개.

원문 & 직관을 활용한 기본 실전 상담

1 새로운 상황
2 현재 상황의 불만족
3 일탈, 불륜
4 개선을 위한 행동
5 주변 경계의 와해

6
SWORDS

6 - SPADE - SWORDS - SCHWERTER - ESPADAS - EPEES

마르세이유 & 유니버설 웨이트

긍정적인 변화, 갈등 상황의 화합,
문제 해결을 위한 이성적 행동,
안정을 위한 사고, 이동, 변화의
시기, 이유 있는 여행, 해방, 극복해
나가는

7
SWORDS

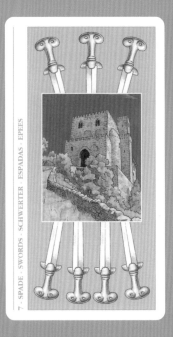

마르세이유 & 유니버셜 웨이트

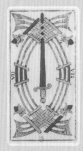 

갈등 해결을 위한 추가적 시도,
경솔함, 문제 해결을 위한 교묘함,
자만심, 위험함, 임시방편적인
행동, 성급함, 부분적 성공,
자신만의 이익

데카메론 카드 상징

1 **밤** 차단, 외로움, 적막함, 부정확

2 **돌담** 외부로부터의 보호, 인생의 흔적

3 **초록색 / 나무** 안정적이며 조화, 균형 / 성숙,
   결과

4 **성** 안정적인 평범한 삶, 평범한 사랑

5 **각 상징의 암흑(그림자)** 부정적인 결과

데카메론 카드 이미지 핵심 해설

완드 4번의 이미지와 연관되어 보이는, 인물
없이 배경으로만 이미지가 표현된 것이 검 7번
이다. 하지만, 시기상 밤이고 성의 이미지가 상
당히 위압적으로 크게 묘사되어 있어 성에 다
가가는데 위압감과 부담감이 느껴진다. 완드 4
번의 구름이나 빨간 꽃들도 보이지 않는다.

데카메론 원서 해설을 통한 실전 상담

원서 An evil plan. Plots in the dark.
Actions with the complicity of
night.

해설 사악한 계획. 어둠 속의 음모들. 어두운
밤에 이루어지는 행동들

원문 & 직관을 활용한 기본 실전 상담

1 사악한 계획, 음모

2 독신, 고립

3 외로움

4 과도한 제한, 억압

데카메론 카드 상징

1 **밀짚모자** 소박함, 경제적 어려움
2 **흐르는 땀** 힘에 부침, 난관, 정력 부족, 피곤함
3 **하얀 머리** 쇠약함, 정력 부족
4 **틀** 제한, 한계
5 **얼룩지고 수선된 분홍색 옷** 열정의 부족, 마음이 심약함

데카메론 카드 이미지 핵심 해설

밀짚모자를 쓴 농부가 인생의 과정이 아주 힘든지 뻘뻘 흐르는 땀을 손으로 닦고 있다. 농부의 옷은 너덜너덜 해져있고 부은 것 같은 표정으로 보아 상황이 아주 힘들어 보인다. 불그스름한 옷도 어깨 부분이 수선되어 있고 찢어져 있는 것으로 보아 삶의 현장에서의 고달픔이 느껴진다. 수염은 검지만, 머리는 하얗다.

데카메론 원서 해설을 통한 실전 상담

원서 React to adversity. Self-confidence. Do not give up. Tiredness.

해설 역경에 대처. 자신감. 포기하지 말 것. 피로함.

원문 & 직관을 활용한 기본 실전 상담

1 현재 상황의 버거움
2 정력이 부족한 성관계
3 심리적 압박
4 자신감 부족(필요)

8
SWORDS

마르세이유 & 유니버설 웨이트

갈등 상황의 난관, 진퇴양난, 고통, 문제 상황의 갈등, 속수무책, 위기상황, 두려움, 고민, 혼란, 부정적 사고에 사로잡힌

9
SWORDS

데카메론 카드 상징

1 **탁자 밑** 정상적이지 않은 상황, 드러내기 어려운 상황

2 **파란색 계열** 감정적 욕구

3 **그림자** 부정적, 불만족

4 **의자&무릎 꿇음** 갑과 을 관계, 상하 수직 관계

데카메론 카드 이미지 핵심 해설

탁자 밑에서 여성이 무릎을 꿇고 남성의 성기를 오럴 섹스하고 있다. 남성은 의자에 앉아 자신에 맞춰 여성의 머리를 지그시 누르며 강약과 방향을 조정하고 있다. 여성의 하체 부위에 그림자가 드리워져 있다.

데카메론 원서 해설을 통한 실전 상담

원서 A sudden approach. Hope. A wonderful dream.

해설 갑작스러운 접근. 희망. 아주 멋진 꿈.

원문&직관을 활용한 기본 실전 상담

1 갑과 을의 관계

2 배려 없는 관계

3 소통이 부족한 관계

4 목적 있는 관계

5 갑작스러운 접근

6 뜻하지 않은 관계

7 희망

마르세이유 & 유니버셜 웨이트

갈등으로 인한 정신적 고통,
문제 상황에의 몰두, 터질 듯한
스트레스, 근심, 외로움, 우울증,
상처, 고통, 이별, 절망, 후회

데카메론 카드 상징

1 **눈을 감음** 집중, 느끼기 위한 행동

2 **초록색** 조화와 균형, 안정 추구

3 **머리를 올림** 관계의 일관성

4 **털옷** 강한 열정, 욕구

5 **나무 상처** 자기 수용, 받아들임, 아픔(상처)

데카메론 카드 이미지 핵심 해설

대낮 숲속에서 남녀가 섹스하고 있다. 남자는
누워 왼손으로 여성의 가슴을 만지며 오른손
으로는 허리를 끌어당기고 있고, 그 위에서 여
성이 흥분을 느끼려 지그시 눈을 감아 보지만
아직은 크게 만족스러운 반응을 느끼지 못한
듯하다. 남성은 파란색 옷 위에 빨간 털옷을 입
고 있으며, 여성은 초록색 옷을 입고 있다.

데카메론 원서 해설을 통한 실전 상담

원서 Dangerous friendships. A rash act.
　　 Unseemliness.

해설 위험한 우정들. 섣부르고 경솔한 행동.
　　 부적절함.

원문 & 직관을 활용한 기본 실전 상담

1 소통의 단절

2 일방적 관계

3 완벽함을 이루지 못하는 경솔함

4 위험한 관계

10
SWORDS

마르세이유 & 유니버셜 웨이트

새로운 단계, 사고의 시작, 새로운
희망, 육체적 몰락, 파멸, 절망,
불행, 죽음, 사고의 끝장, 부정적
사고의 현실화

1
PENTACLES

마르세이유 & 유니버셜 웨이트

계획의 시작, 큰 수익, 물질적 번영, 실현을 위한 시작, 변화를 위한 시작, 황금(태양), 금전, 재정, 성공, 사업, 투자, 행복

데카메론 카드 상징

1 **동전(돈)** 관계의 매개체, 금전(실질)적 관계
2 **노란색+초록색 계열** 안정적 기반+조화와 균형
3 **알몸 여성** 절대적 복종
4 **남성의 행동** 성적 쾌락
5 **흐린 하늘, 구름** 비일상적, 평범하지 않은 상황

데카메론 카드 이미지 핵심 해설

전반적으로 초록색 배경에 노란색 계열이 섞여 있다. 쌓여있는 금화, 은화 위에 동전을 세우고 그 위에 여성이 완전히 몸을 뒤로 젖혀 누워 있으며, 남성은 여성의 음부를 만지며 만족하는 표정이다. 세워져 있는 동전 위의 그림은 알몸 여성이 절을 하는 모습으로, 절대적인 복종을 의미하는 이미지이다.

데카메론 원서 해설을 통한 실전 상담

원서 Love is indifferent to commercialization but the fact that wealth and material goods sometimes encourage affection and gratitude towards the donor cannot be excluded.

해설 사랑에 있어 금전적인 것이 중요하지 않을지언정, 부와 물질적인 것은 때때로 그러한 부와 물질을 누리게 해 준 공여자에 대한 애정과 감사한 마음을 부추긴다는 사실을 외면할 수는 없다.

원문 & 직관을 활용한 기본 실전 상담

1 보상과 관련된 관계
2 금전적 관계의 시작
3 대가가 따르는 특별한 관계

데카메론 카드 상징

1 **노란색 계열 바지/벗지 않음** 안정적 기반/고수

2 **항아리(요강)/구석** 자신의 욕구 배출/스스로 배출하지 않음(대상이 있음)

3 **그림자** 부정적, 불만족

4 **파란색 계열+흰 줄** 감정적 욕구+일방적임, 솔직함, 단순함

데카메론 카드 이미지 핵심 해설

침대 위에 흑발의 여성과 금발의 남성이 섹스하고 있다. 남성은 노란색 바지를 완전히 벗지 않고 내린 채로 성기를 삽입하고 있으며 여성은 깊은 삽입을 위해 다리를 벌리고 있다. 여성은 남성의 등과 엉덩이를 만지며 쾌감을 느끼고 있다. 이런 섹스 상황에서 두 남녀의 몸 위에 그림자가 드리워져 있고 한쪽 구석에 항아리(요강)가 놓여 있다.

데카메론 원서 해설을 통한 실전 상담

원서 Voluptuous excitement, fun, orgasm.

해설 관능적 흥분, 즐거움, 그리고 절정.

원문&직관을 활용한 기본 실전 상담

1 관능적인 자극, 스릴

2 육감적 흥분

3 오르가슴

2
PENTACLES

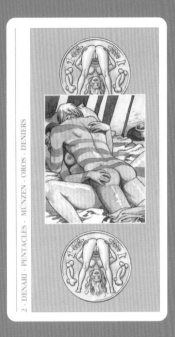

마르세이유 & 유니버셜 웨이트

균형이 필요한, 기회 조율, 현실적 불안정, 현실적 관계, 상황적 인내, 기다림, 양다리, 순조로운 해결, 양자택일, 집중, 두 가지 동시 진행

3
PENTACLES

데카메론 카드 상징

1 **흰 두건** 순수한 사고, 일방적 사고, 솔직함

2 **하얀 천** 순수함, 솔직함, 단순함

3 **허리띠** 제한

4 **식탁** 음식을 먹는 장소, 순간적 상황

5 **푸른색 계열+노란색 계열 배경** 감정적 욕구+안정적 기반

6 **밥그릇** 에너지, 식욕

데카메론 카드 이미지 핵심 해설

흰 두건을 쓴 남성이 식탁 위 하얀 천 위에 여성을 눕히고 가슴을 애무하고 있다. 식탁 위의 밥그릇이 엎어져 있고 여성은 다리를 벌리고 있다. 남성은 허리에 허리띠 가방을 멘 채로 상의를 입고 있으며 하의는 성기가 보이지만 검게 표현되어 있다.

데카메론 원서 해설을 통한 실전 상담

원서 Sexual ability. From the pleasures of eating to those of sex. Commercialization.

해설 성적인 능력. 식욕에서 성욕으로. 물질적인 것.

원문&직관을 활용한 기본 실전 상담

1 성적인 관계의 조급함

2 강인한 성적 매력

3 성급한 관계, 성욕

4 성적인 능력

마르세이유 & 유니버셜 웨이트

안정적인 상황, 협력, 동업, 합심, 현실적 교류, 능력의 발휘, 부분적 결실, 안정적 만남, 전문적 기술, 역할 분배, 기부, 투자

데카메론 카드 상징

1 **푸른색 계열의 침대** 성적이고 감정적인 욕구 충만

2 **녹색 계열＋푸른색 계열** 안정 추구＋성적 욕망 추구

3 **얼룩진 녹색 계열／여성 머리 아래 파란색 계열** 안정 추구의 실추／강한 성적 욕망 유입

4 **상체를 들어줌** 상대에 대한 배려, 강한 성적 욕구

5 **눈을 감음** 느낌이나 감정에 집중, 몰입, 개인주의

데카메론 카드 이미지 핵심 해설

초록색 계열의 배경 아래에 파란색 침대 위에서 두 남녀가 눈을 지그시 감고 사랑을 나누고 있다. 남성은 여성의 가슴을 애무하고 있고 양손은 가슴과 음부를 만지며 쾌락의 정도를 높이고 있으며 여성은 남성이 애무하기 편하게 상체를 들어주고 있다. 급하게 섹스를 하려고 하지 않고 서서히 관계를 이어가려는 이미지이다.

데카메론 원서 해설을 통한 실전 상담

원서 Greed. Intense and lustful life. Selfishness.

해설 탐욕. 열정적이고 욕정이 가득한 삶. 이기적임.

원문＆직관을 활용한 기본 실전 상담

1 성적인 탐욕

2 이기심

3 만족스러운 스킬

4 일상적인 욕정

4
PENTACLES

4 · DENARI · PENTACLES · MÜNZEN · OROS · DENIERS

마르세이유 & 유니버설 웨이트

현실적 안정, 강한 소유욕, 자기중심적, 유리한 상황, 안정적 관리, 집착, 인색함, 신중한 상황, 절약, 저축, 안정적 균형, 신뢰 구축, 욕심, 풍요

5
PENTACLES

현실적 혼란, 경제적 어려움, 기회
상실, 신뢰적 상실, 상황의 변화,
실패, 근심, 역경, 삶에 찌든

데카메론 카드 상징

1 **흰색 옷+보라색 옷+갈색 옷** 순수+초월
적, 치유적+현실적, 실용적

2 **갈색 옷 단추 채워짐** 현실적, 실용적인 면
추구, 옹호

3 **책(독서)** 지식, 부족한 부분의 충당

4 **변하는 나뭇잎 색** 환경의 변화

5 **열매 상실 / 약간의 이삭** 결실 없음 / 소소한
결실

데카메론 카드 이미지 핵심 해설

한 남성이 보라색 옷 위에 단추가 채워진 갈색
망토를 입고 조용히 책을 넘기고 있다. 무엇인
가 충만을 위하여 부족한 부분을 책을 통해서
채워 나가기 위한 목적으로 보인다. 상단의 나
뭇가지에는 열매 하나 없이 나뭇잎만 있다.

데카메론 원서 해설을 통한 실전 상담

원서 Muddled decisions. Abandonment
and resignation. Inexperience.
Intellectualization.

해설 혼란스러운 결정(과정). 포기와 체념. 경
험 미숙. 배움을 통한 지성화.

원문&직관을 활용한 기본 실전 상담

1 상황적 혼란, 어려움

2 현재 상황의 극복을 위한 변화

3 배움을 통한 발전

4 경험 부족

5 포기

데카메론 카드 상징

1 **알몸의 두 남녀** 사랑, 관계의 핵심 대상
2 **커다란 붉은 커튼** 구성원들의 강한 열정
3 **남자의 손** 적극적으로 다가감, 리드
4 **여자의 표정** 당당함, 용기, 욕심
5 **화가** 상황에 영향을 끼치는 주변인, 지인, 기획자
6 **같은 흑발** 비슷한 처지, 상황의 두 남녀

데카메론 카드 이미지 핵심 해설

하얀 침대 위에 같은 흑발의 두 남녀가 화가의 작업을 위해 알몸으로 자세를 맞추고 있다. 남성의 양손을 여성의 왼쪽 무릎에 얹은 채로 여성에게 다가가고 있다. 커다란 빨간 커튼이 보이며 화가는 흰옷 위에 빨간 옷을 입고 있다.

데카메론 원서 해설을 통한 실전 상담

원서 An unpleasant arrival. Need for new stability. Jealousy. Possessiveness.

해설 불쾌한 무언가가 찾아오고 있다. 새로운 안정감이 필요하다. 질투. 강한 소유욕.

원문&직관을 활용한 기본 실전 상담

1 새로운 변화
2 인위적인 조화
3 새로운 안정의 필요성
4 질투, 강박
5 강한 소유욕

6
PENTACLES

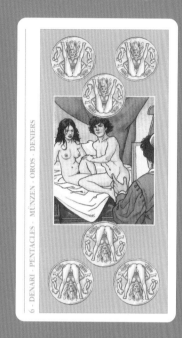

6 · DENARI · PENTACLES · MÜNZEN · OROS · DENIERS

마르세이유 & 유니버셜 웨이트

상황적 안정, 공평한 산출, 현실적 발전, 이상적 분배, 공평함, 균형적 배분, 관용, 만족, 기쁨

7
PENTACLES

데카메론 카드 상징

1 **파란색 몸** 성적 욕망, 감정적 욕구
2 **하얀 침대** 순수한 상황, 일방적 상황
3 **그림자** 불만족, 부정적 요인
4 **얼룩진 초록색 계열** 부조화, 불균형
5 **남자의 표정** 감당 불가능, 겁에 질림

데카메론 카드 이미지 핵심 해설

하얀 침대 위에서 여성이 강한 흥분을 느끼며 강렬하게 몸을 움직이고 있다. 남성은 이런 여성의 모습에 순간 기겁한 듯 놀란 표정이다. 초록색 배경에 두 남녀의 몸에는 그림자가 드리워져 있고 여성은 하의가, 남성은 몸 전체가 파란색으로 표현되어 있다. 여성의 가슴에도 검은 선이 드리워져 있다.

데카메론 원서 해설을 통한 실전 상담

원서 Luck in business and love, especially for women. Bored man.

해설 (특히 여성에게) 사업과 사랑에 따르는 행운. 남자는 따분해하고 있다.

원문&직관을 활용한 기본 실전 상담

1 정열적인 여성 vs 부족한 남성
2 여성의 강렬한 성적 행위
3 지루한 남자

마르세이유 & 유니버셜 웨이트

심사숙고, 현실적인 난관, 발전적인 역동, 성찰과 시도, 계획, 수확, 점검, 재정적 어려움, 재물의 유동성, 욕심

데카메론 카드 상징

1 **초록색 계열＋노란색 계열 배경** 조화와 균형 추구＋안정적 기반
2 **그림자/초록색** 불만족, 부족함/균형과 조화 추구
3 **창** 근무 중, 현업에 종사, 근면 성실
4 **여성의 표정** 성적 만족, 성적 쾌락

데카메론 카드 이미지 핵심 해설

침대 위에서, 남성은 여성의 뒤에서 성기를 삽입하고 동시에 오른 손가락으로 음부를 애무하고 있다. 여성은 혀를 내밀며 흥분의 최고조를 느끼는 표정이다. 남성 옆에는 창(완드)이 놓여 있고, 남녀의 몸과 침대에는 그림자가 드리워져 있다.

데카메론 원서 해설을 통한 실전 상담

원서 Manual skills. Arousal of sensations.

해설 손재주. 감각을 자극해 흥분시킴.

원문&직관을 활용한 기본 실전 상담

1 능숙한 손 스킬(기술)
2 감각(성감대)의 흥분
3 성적 최고조, 만족

8
PENTACLES

8 · DENARI · PENTACLES · MÜNZEN · OROS · DENIERS

마르세이유 & 유니버셜 웨이트

근면성실, 현실적 안정, 재정적 안정, 이상적 변화, 수련자, 인내, 미완성, 검소함, 경제적 체계 구성, 안정을 위한 노력

165

9
PENTACLES

1 **가면** 본연을 숨김

2 **하얀 카라** 모든 것을 모두 내지름

3 **허리띠** 제한, 제약

4 **색동옷** 세상에 드러내고 싶음, 다양한 욕구

5 **초록색＋분홍색 문양** 조화와 균형의 안정
  추구＋열정적 사랑의 기대

데카메론 카드 이미지 핵심 해설

진한 녹색 계열의 침대 위에 한 여성이 검은색
가면과 하얀 두건을 쓰고 카라가 하얀 색동옷
을 깔고 알몸으로 누워 있다. 허리에 차고 있던
허리띠도 풀어 놓았다. 침대 위의 베개는 그대
로 놓아둔 채 팔베개를 하고 상당히 만족해하
는 표정을 짓고 있다.

데카메론 원서 해설을 통한 실전 상담

원서 A pleasant surprise. Positive and
  long-lasting situation.

해설 기분 좋은 놀라움. 긍정적인 상황이 오래
  지속된다.

원문＆직관을 활용한 기본 실전 상담

1 생각하지 않은 만족, 기쁨

2 본연을 감춘 일탈

3 놀라운 만족, 기대하지 않은 충족

4 즐거움의 지속

마르세이유 & 유니버셜 웨이트

풍요, 만족감, 현실적 고립, 보상,
행복, 현실적 도약, 자유, 성공,
휴식, 상황적 고독, 조화로운 발전,
상황적 심사숙고

데카메론 카드 상징

1 **식탁** 일상, 평범한 상황

2 **비빔밥** 간단한 식사, 경제적 불충분

3 **달걀** 평범한 음식, 대중적인 음식, 성적 욕구 해소

4 **걸터앉음** 일시적, 내키지 않음, 불만족, 상대를 인식하지 않음

5 **남자의 모습** 구애, 소심, 기죽음

데카메론 카드 이미지 핵심 해설

식탁에서 부부로 보이는 흑발 여성과 금발 남성의 두 남녀가 앉아 있다. 여성은 식탁 위에 걸터앉아 달걀을 깨서 넣은 음식을 비벼 먹고 있으며, 남성은 무엇인가를 표현하듯 또는 애원하듯 왼손을 살짝 내밀며 여성의 눈치를 보고 있다. 여성은 남성에게 전혀 시선을 주지 않고 있다.

데카메론 원서 해설을 통한 실전 상담

원서 Changing fortune. Courtship. projects. Material goods are not enough.

해설 운과 미래는 변하는 것. 구애, 관심을 끌려는 행동. 물질적인 것으로는 충분하지 않음.

원문&직관을 활용한 기본 실전 상담

1 현실적 불만족

2 새로운 행운의 전환

3 경제적 불충분

4 구애

10 PENTACLES

마르세이유 & 유니버설 웨이트

기존의 안정과 시작, 유산 상속, 화목, 안정, 관계의 개선 및 유지, 풍요, 사회적 명성, 계속적인 만족, 재무의 안전성, 성공

KNAVE OF WANDS

잠재력을 소유하고 새로운 계획을
세우는 인물, 호기심, 신뢰 있는,
열정 넘치는 자신감, 하나의 목표,
열정을 가진 야망에 찬 인물,
순수하고 의지 있는 인물

데카메론 카드 상징

1 **흰색＋갈색＋빨간색＋연두색 계열** 정체성
부족, 호기심 천국
2 **갑옷／배에만 입음** 보호 장치／어설픔
3 **갈색 바지／찢어짐** 현실적, 실용적 추구／비
현실적, 비실용적
4 **여성의 분홍색 화관** 야릇함, 성적 유혹, 열
정적 사랑에 이르기 부족함
5 **꺾인 손목** 활용 불가능, 미성숙, 어설픔, 행
동 부족

데카메론 카드 이미지 핵심 해설

남성의 옷 컬러가 흰색, 갈색, 빨간색, 연두색
계열 등 다채롭다. 여성은 갈색 양말을 신고 있
으며 치마를 올리고 머리에 화관을 쓰고 있다.
남성은 어설프게 갑옷을 몸 전체가 아닌 배에
만 입고 있다. 여성은 남성의 갈색 바지를 완전
히 내리지 않고 성기를 애무하고 있으며, 이런
여성의 오럴이 상당히 만족스러운지 남성은
즐거운 표정을 짓고 있다.

데카메론 원서 해설을 통한 실전 상담

원서 Perfect sexual harmony between
two lovers. There is no abuse of
power by the man who harmlessly
holds the sword.

해설 두 연인 간의 완벽한 성적 조화. 칼자루
를 쥔 남성에게서 권력을 휘두르려는 악
의 따위는 보이지 않는다.

원문＆직관을 활용한 기본 실전 상담

1 성적인 조화
2 신선한 이끌림(매력)
3 성적인 리드 vs 성적인 만족

데카메론 카드 상징

1 **말** 기사의 인물 성향을 상징해 주는 대체 이미지
2 **큰 성기 같은 완드** 강한 성적 욕망
3 **초록색** 조화와 균형, 안정 추구
4 **말의 성기** 기사의 성기를 대체
5 **노란색 머리띠** 안정을 위한 지적 사고의 집중

데카메론 카드 이미지 핵심 해설

달리고 있는 말 위에서 남녀가 서로 마주 앉아 섹스하고 있다. 남성은 왼손에는 완드를 들고 있고, 오른손으로는 여성의 엉덩이를 움켜잡고 있다. 갈색 양말을 신은 여성은 왼쪽 다리로 남성의 오른쪽 다리를 끌어당겨 붙들고 있으며, 오른쪽 다리는 말의 목을 휘감고 있다. 말은 흥분한 눈동자로 침을 질질 흘리고 있고, 성기는 발기되어 있다.

데카메론 원서 해설을 통한 실전 상담

원서 Elopement under the spur of passion. A relationship that begins immediately during the voyage.

해설 열정의 충동질로 인한 사랑의 도피. 여행을 떠난 즉시 관계는 시작된다.

원문 & 직관을 활용한 기본 실전 상담

1 급속히 시작된 관계
2 충동적인 섹스, 원나잇
3 예상치 않은 빠른 진도
4 여행 중의 관계

KNIGHT OF WANDS

마르세이유 & 유니버셜 웨이트

혈기 왕성한 용감한 인물, 모험적인, 열정적이고 즉흥적인 인물, 성급한, 행동력이 넘치는 인물, 도전적인, 야심찬

KING OF
WANDS

마르세이유 & 유니버셜 웨이트

당당함을 소유한 열정적 인물,
자신감을 가진 권위적 인물,
행동에 대한 책임감을 가진 인물,
창조적인, 강력한 리더십, 유능한,
지적인, 통찰력 있는

데카메론 카드 상징

1 **성기 완드** 강한 성적 욕구, 강한 정력

2 **완드 고리** 성적인 강력함을 위한 인위적인
  방법

3 **파란색 털옷** 강한 감정적·성적 욕망, 심적
  욕망

4 **빨간 털신** 강한 성적 욕망, 행동적 열정

5 **벽의 천** 경제력 과시, 호화스러움 추구

데카메론 카드 이미지 핵심 해설

성기 모양의 커다란 완드를 오른손으로 자신
있게 들고 있는 왕이 여성의 뒤에서 성기 삽입
을 하며 아주 절정을 느끼는 듯 만족해하고 있
는 모습이다. 머리에 하얀 두건(면사포)을 쓴
여성은 이런 왕의 성적 강력함에 몽롱해(혼절)
하는 듯한 모습이다.

데카메론 원서 해설을 통한 실전 상담

원서 Represents absolute power without
  questioning. The weakest partner
  must succumb.

해설 맹목적인 절대 권력을 의미한다. 약자의
  위치에 있는 파트너가 굴복해야 한다.

원문 & 직관을 활용한 기본 실전 상담

1 카리스마, 강력한 성적 욕정

2 일방적, 절대적인 관계

3 성적 굴복

데카메론 카드 상징

1 **나무통** 마지막 컨트롤, 쑥스러움

2 **구멍** 성적 매개 통로

3 **왕관/벗음** 권위/내려놓음

4 **초록색/붉은색 계열** 조화와 균형, 안정을 추구/열정적 성적 욕구

5 **계단 위의 남자** 준비 부족

데카메론 카드 이미지 핵심 해설

외모에서부터 확연히 서로 달라 보이는 두 명의 남성이 나무통 안에 들어가 있다. 여왕이 이 중 젊은 남성의 성기를 오럴하고 있다. 여왕은 무릎을 꿇고 옷을 모두 벗은 채로 초록색 양말만 신고 상당히 흥분해 있다. 여왕의 오럴을 받는 남성은 여왕의 왕관을 들고 있다.

데카메론 원서 해설을 통한 실전 상담

원서 Each partner has his or her needs. Know how to choose and understand when and how to satisfy. Love dies without initiative.

해설 각 파트너에게는 각자의 다른 욕구가 있다. 이 욕구를 어떻게 결정할 것인지를 알고, 또 그 욕구를 언제 어떻게 충족시켜 줄 것인지 이해하여야 한다. 진취성과 결단력 없는 사랑은 그것으로 끝일지니.

원문&직관을 활용한 기본 실전 상담

1 삼각관계에서의 선택, 시작

2 적극적인 행동 필요

3 선택의 중요성

마르세이유 & 유니버셜 웨이트

포용력을 소유한 열정적 인물, 실용적인, 열정을 가진 헌신적 인물, 정열적인, 욕망이 강한, 주도적인, 능력 있는, 유능한, 관대한

KNAVE OF CHALICES

FANTE · KNAVE · BUBE · SOTA · VALET

마르세이유 & 유니버셜 웨이트

순수하고 감성적인 인물, 감정이 풍부한, 예술적인, 예민한, 야망에 찬 인물, 호기심

데카메론 카드 상징

1 **컵/포도주/쏟아부음** 감정을 담는 도구/ 열정/미숙함, 낭비, 감정의 표현 부족

2 **등불(호롱불)** 희생, 봉사

3 **슬리퍼** 손쉬운 것을 추구, 미완성, 사고와 행동의 부족

4 **흰색 두건** 순수함, 솔직함, 일방적 사고

데카메론 카드 이미지 핵심 해설

갈색 슬리퍼를 신은 남성이 자신의 무릎 위에 하얀 천을 깔고 그 위에 알몸의 여성을 엎드려 놓고 포도주를 등 위에 뿌리고 있다. 그러면서 호기심인 듯, 신비롭다는 표정을 지으며 여성의 엉덩이를 만지려 하고 있다. 벽에 걸린 등불(호롱불)이 이 상황을 비추고 있다.

데카메론 원서 해설을 통한 실전 상담

원서 The couple does not spare itself and sets out to thoroughly enjoy amorous pleasure. The woman is trusting but the man tends to waste precious energy.

해설 연인은 몸을 사리지 않고 탐욕스러운 기쁨을 철저히 탐닉하기 시작한다. 여성은 상대방을 신뢰하는 반면, 남성은 소중한 에너지를 낭비하는 경향이 있다.

원문&직관을 활용한 기본 실전 상담

1 호기심이 왕성한

2 에너지의 낭비

3 성적인 즐거움

데카메론 카드 상징

1 **깃발(창)** 목표 성취, 전진

2 **파란색 / 빨간색** 감정적(마음) / 열정적(행동)

3 **뱀 / 초록색** 지혜로움, 유혹 / 조화와 균형 추구

4 **성** 안전한 주거지, 목표지

데카메론 카드 이미지 핵심 해설

갑옷을 입은 기사가 오른손에는 깃발(창)을 잡고 왼손으로는 알몸의 여성 음부를 만지며 말을 타고 이동하고 있다. 기사는 빨간 옷을 입고 초록색 신발을 신고 있으며, 깃발은 흰색 바탕에 파란색과 빨간색으로 줄이 그어있다. 바위 위에는 초록색 뱀이 컵을 휘감고 있다.

데카메론 원서 해설을 통한 실전 상담

원서 He brings the woman he loves with him ; she, however, is defenseless and must cross hostile land. Be careful of betrayal. A risky future.

해설 남자는 자신이 사랑하는 여자를 데리고 어디론가 가고 있다. 하지만 그녀는 무방비 상태로 적국의 땅을 가로질러 가야 한다. 배신당하지 않도록 조심해야 한다. 위험한 미래가 엄습해 오고 있다.

원문 & 직관을 활용한 기본 실전 상담

1 사랑의 성취

2 무방비, 경계

3 상대에 대한 점검(배신) 필요

마르세이유 & 유니버셜 웨이트

혈기 왕성한 감성적인 인물, 새로운 시도, 감정이 풍부한 즉흥적인 인물, 제안, 성공, 기회, 좋은 만남

KING OF CHALICES

RE · KING · KÖNIG · REY · ROI

마르세이유 & 유니버셜 웨이트

ROY DE COUPE   KING of CUPS.

당당함을 소유한 감성적 인물,
넓은 마음, 감정의 기복이 있는
권위적 인물, 사교적인, 자애로움,
예술적인, 로맨틱한, 관용적인

데카메론 카드 상징

1 **올린 머리 / 묶음** 사고의 확신 / 사고의 통합,
   하나의 마음
2 **붉은 커튼 / 붉은 꽃** 열정적인 성욕 / 만족한
   결과
3 **빨간색＋보라색＋흰색** 열정＋치유적, 초월
   적 멘탈＋순수함, 솔직함, 일방적
4 **세워진 컵** 사랑의 감정, 감정의 성취
5 **침대 각도** 성적 감정을 올리기 위한 방법,
   배려의 방법

데카메론 카드 이미지 핵심 해설

섹스의 강도를 더욱 높이기 위해, 비스듬한 각
도로 침대에 여성이 누워있고, 왕이 서서 여성
의 가슴을 만지며 삽입을 하고 있다. 여성의 등
밑에는 빨간색, 보라색, 흰색의 왕의 옷을 깔아
주었다. 왕은 초록색 바지를 입고 있고, 여자는
오른손 아래쪽에 홀을 두고 있으며 두 갈래의
머리는 하나로 올려져 있다.

데카메론 원서 해설을 통한 실전 상담

원서 The force of seduction is
accompanied by refined technique.
A very satisfying relationship.

해설 유혹의 힘은 잘 다듬어진 세련된 테크닉
이 동반되어 발휘되기 마련이다. 이에 매
우 만족스러운 관계를 맺게 될 것.

원문 & 직관을 활용한 기본 실전 상담

1 성적으로 매우 만족스러운 관계, 코드가 잘
  맞는 관계
2 배려하며 능숙하게 잘 컨트롤 하는 관계
3 숙련된 성적 기술

데카메론 카드 상징

1 **여왕의 머리 두 갈래** 여러 사고의 중간 정
  립, 이원적 사고
2 **남성 성기, 혀** 강인한 정력, 놀라운 스킬 소
  유
3 **포도주잔/흘러내림** 열정적 감정/불안정
4 **벽장/오픈** 마음/내적인 오픈

데카메론 카드 이미지 핵심 해설

남성의 발기된 성기를 여왕이 왼손으로 붙잡
고 있으며 여왕의 음부에 남성이 혀를 들이대
고 있다. 여왕의 엉덩이 위에는 포도주가 담긴
잔이 올려져 있으며 포도주가 흘러내리기 일
보 직전이다. 여왕은 머리를 두 갈래로 땋아 묶
고 있으며, 벽장문은 열려 있다.

데카메론 원서 해설을 통한 실전 상담

원서 An affectionate lover exchanges
    sexual favors with a companion.
    Recognizing a partner's right to
    orgasm.

해설 다정한 연인은 성관계에 있어 상대방이
    선호하는 취향을 맞춰 주며 서로를 만족
    시킨다. 상대방이 절정을 느낄 권리를 인
    정하는 것이다.

원문 & 직관을 활용한 기본 실전 상담

1 성적인 최고조를 유도함
2 파트너에 대한 성적 호의
3 필(feel) 꽂히는 섹스 파트너

QUEEN OF CHALICES

마르세이유 & 유니버셜 웨이트

깊은 감정을 가진 헌신적 인물,
감성에 대한 자신감을 가진 인물,
좋은 대인관계, 예민한 감수성,
헌신적인

KNAVE OF
SWORDS

마르세이유 & 유니버셜 웨이트

호기심이 싹트기 시작한 인물,
성급함, 순수한 논리를 가진
야심에 찬 인물, 목적의식, 냉정함,
경계, 민첩함, 대범함

데카메론 카드 상징
1 **시종 성기** 크고 정력이 왕성하나 미숙함
2 **짚고 있는 검/허리띠** 미활용, 미숙함, 결단
  력(사고) 부족/제한
3 **빨간 머리띠** 성적 집중
4 **빛** 대낮, 성적인 미숙함

데카메론 카드 이미지 핵심 해설
시종*의 뒤에서 여성이 시종의 성기를 잡고 그
크기에 놀란 표정을 짓고 있다. 시종은 허리띠
를 맨 채로 검을 잡고 있지 않고 지팡이처럼 몸
을 지탱하는 데 사용하고 있다. 여성은 빨간 머
리띠를 차고 있으며 시종은 여성의 손을 제어
하고 있다. 지하의 장소이지만 등불을 켜지 않
아도 될 듯이 환한 빛이 들어오고 있다.

데카메론 원서 해설을 통한 실전 상담
원서 The warrior is ready to intervene;
the young woman clutches his
shoulders. Pleasant surprise, if the
initiative is not misleading.

해설 전사는 막아서려 하지만, 젊은 여성은 그
의 어깨를 꽉 움켜잡는다. 여성의 결단을
오해하지만 않는다면, 기분 좋은 놀라움
이 기다리고 있을 것.

원문&직관을 활용한 기본 실전 상담
1 성적 능력의 미숙함
2 결단력(사고) 부족
3 관계에서의 준비 부족
4 뜻밖의 기쁨

* 웨이트 계열 카드에서는 '시종-기사-여왕-왕'의
신분 계급, 또는 성숙의 정도로 구분한다. 데카메
론에서는 KNAVE라는 용어를 사용하고 원문에는
'전사(warrior)'로 표기되어 있지만, '전사'로 해석
하면 다음에 오는 '기사'와 부딪힌다. 그러므로 이
책에서는 시종으로 해석한다.

데카메론 카드 상징

1 **기사와 말의 시선** 다른 대상 추구, 다른 관심사
2 **기사의 하의 색깔** 감정적 욕망과 열정적 의지의 구분, 경계
3 **말의 네 발** 정지, 정체
4 **나뭇잎** 변해가는 상황, 결실 없는 상황
5 **올린 머리** 사고의 확신

KNIGHT OF SWORDS

데카메론 카드 이미지 핵심 해설

기사가 나아가는 길을 막은 여성이 자신의 치마를 올리며 중요 부분을 보여 주고 있다. 기사는 오른손에 검을 들고 있으나 왼팔에는 붕대를 감고 있다. 다른 슈트의 말들과 달리 기사의 말은 네 발을 땅에 붙이고 정지해 있다. 기사와 말 모두 여성의 음부를 바라보기보다는 다른 곳을 응시하고 있다.

데카메론 원서 해설을 통한 실전 상담

원서 A craving to confront conflict. Love, however, opposes violence. Even sex has its pride. Decide which battle must be fought.

해설 갈등에 맞서고자 하는 욕구. 하지만 사랑은 폭력을 반대한다. 육체적 관계마저도 그 나름의 자존심이 걸려 있다. 어떤 전투가 반드시 해결하고 넘어가야 할 것인지를 확실히 결정지어야 한다.

원문&직관을 활용한 기본 실전 상담

1 사랑에 이유를 둔 대항
2 자존심이 걸려 있는 행동
3 갈등에 대한 저항

마르세이유 & 유니버셜 웨이트

혈기 왕성하고 신념이 강한 인물,
논리적이고 신중한 판단력이
요구되는 인물, 의리, 용기, 자신감,
행동력, 대담한, 분노, 공격적

KING OF SWORDS

마르세이유 & 유니버셜 웨이트

ROY DE EPEE   KING of SWORDS.

자신감이 넘치는 논리적 인물,
신념과 책임감을 가진 인물,
카리스마, 권위적 인물, 분석적,
논리적, 공정한, 권위, 전문가

데카메론 카드 상징

1 **빨간 두건** 사고적 열정, 성적 열망
2 **하트가 그려진 큰 검** 강한 성적 고수
3 **알몸 여성의 자세** 불편함, 상대에 이끌림, 상대 수용
4 **왕의 검은 털/날카로운 날** 성적인 강한 욕구/독단
5 **파란색 옷＋연두색 계열 옷** 감정적 충만＋흰색*에서 안정을 찾음

데카메론 카드 이미지 핵심 해설

빨간 모자를 쓴 왕이 손잡이에 하트 장식이 달린 큰 검을 잡고, 여성을 침대에 눕힌 채 강압적인 모습으로 섹스하고 있다. 여자는 침대 밖으로 목이 떨구어져 있으나 왕은 아랑곳하지 않고 여성의 다리를 누르며 계속 섹스를 한다. 왕의 옷으로 보이는 올챙이 그림이 그려진 하얀 천을 벗어 던져 놓고 있다.

데카메론 원서 해설을 통한 실전 상담

원서 In spite of the weight of years, don't refuse twilight intimacy. Spiritual values do not decline over time. On the contrary, they increase.

해설 나이가 들어도 황혼의 성생활을 거부하지는 말 것. 영적인 가치는 시간이 흐름에 따라 퇴락하는 것이 아니며, 오히려 이는 날이 갈수록 점점 더 드높아지는 것이다.

원문＆직관을 활용한 기본 실전 상담

1 강압적인 관계
2 배려와 존중이 없는 관계
3 정신적 가치의 증가
4 황혼의 성생활

* 기존의 흰색 천에서 연두색 천으로 변화

데카메론 카드 상징

1 **노란색 계열의 털옷 상의/벗음** 지혜롭고 안정 추구, 열정/벗어남
2 **붉은색 계열의 털옷 치마** 성적인 열정 충만
3 **알몸 여성** 편한 대상, 동성의 편안함
4 **검** 사고, 논리, 이성, 결단

데카메론 카드 이미지 핵심 해설

노란색 계열의 털옷 상의를 살짝 벗고 앉아 있는 여왕의 왼쪽 가슴을 한 여성이 애무하며 여왕의 빨간 털 치마 속에 손을 넣어 음부를 만지고 있다. 여왕은 검을 잡지 않고 옆에 두고 있으며 오른손의 제스처를 보면 이 상황을 상당히 강하게 느끼고 있다. 초록색 계열의 벽에는 두 개의 검이 크로스 되어 걸려 있고, 그림자가 드리워져 있다.

데카메론 원서 해설을 통한 실전 상담

원서 It's time to confront one's own responsibilities and to defend one's choices. Why do women have relationships with women? Because they do those things which in general, men don't.

해설 자신의 책임을 직시하고 자신의 선택을 지킬 때가 왔다. 여성은 왜 여성과 관계를 맺는가? 여성이란, 남성은 일반적으로 하지 않는 일들을 하곤 하기 때문이다.

원문&직관을 활용한 기본 실전 상담

1 강한 자존심에 따른 선택
2 현실적으로 어려운 동성과의 관계
3 부담 없는 편안한 관계

QUEEN OF SWORDS

마르세이유 & 유니버셜 웨이트

포용적이고 신념을 소유한 인물, 심오한 논리를 가진 인물, 사고에 대한 자신감을 가진 인물, 이성적, 공정, 합리적, 완벽주의, 어려운 상황, 강한 정신력

KNAVE OF PENTACLES

마르세이유 & 유니버설 웨이트

새로운 계획을 꿈꾸는 순수한
인물, 기반 조성을 위해 야심에 찬
인물, 순수하고 현실감 있는 인물,
강한 목표 의식, 신중함, 호기심,
물질(경제)적인, 집중력, 실용성

데카메론 카드 상징

1 **갈색 옷** 실용적, 현실적인 이유로 본연 은폐
2 **계단** 외부의 시선을 피할 수 있는 공간
3 **동전** 왕과 달리 경제력 여유 부족
4 **등불 부재** 희생, 봉사 결여
5 **탁자 인물** 여러 인물과 관련
6 **슬리퍼** 샌들보다는 실용적이나 아직 준비
  부족함

데카메론 카드 이미지 핵심 해설

한 남성이 온통 갈색으로 덮는, 모자가 큰 옷을
입고 있다. 이 남성은 테이블 위에 알몸의 여성
을 올려놓고 뒤에서 성행위를 하려고 하고 있
다. 테이블 밑에는 주머니에서 떨어진 동전이
나뒹굴고 있고, 여성은 왼쪽 다리로 돈주머니
를 잡고 있다. 하얀 두건을 쓰고 있는 여성은
나이가 있어 보이고 탁자에는 여러 인물 그림
이 그려져 있다.

데카메론 원서 해설을 통한 실전 상담

원서 Distrust of those who appear with
  deceiving attire and behave with
  false modesty. Honor is at risk.

해설 기만의 옷을 입고 나타나 거짓된 겸손으
  로 위선을 떠는 자들을 불신하라. 명예가
  위태로운 상태에 놓여 있다.

원문&직관을 활용한 기본 실전 상담

1 본연을 속이는 관계
2 겉과 속이 다른 관계
3 연상 연하의 커플 관계
4 명예의 손실

데카메론 카드 상징

1 **동전/뿌림** 경제적 능력/과다 지출
2 **푸른색 머리띠/푸른색 치마** 감정적 집중, 몰입/감정적 욕구
3 **8** 수비학적으로 4+4의 안정 추구를 위한 재구조화
4 **보라색 계열+노란색 계열** 초월적, 치유적 +지적, 안정적

데카메론 카드 이미지 핵심 해설

얼굴에 투구를 쓴 기사가 오른손으로 8개의 동전을 뿌리면서, 왼손으로는 여성의 가슴을 애무하며 성기를 삽입하고 있다. 여성은 파란 머리띠를 쓰고, 이 상황을 아주 만족스러워하며 자신의 푸른 계열의 옷을 들고서 엉덩이를 기사 쪽으로 더욱 밀착하고 있다. 기사는 보라색, 갈색(노란색), 붉은색 계열의 옷을 입고 있다.

데카메론 원서 해설을 통한 실전 상담

원서 A violent man abandons the road to war to dedicate himself to the toils of love. Contemptible waste of earthly goods, symbolized by coins thrown in the air.

해설 사나운 남성은 사랑의 덫에 기꺼이 몸을 내던지려 전쟁으로 가는 길을 버린다. 공중에 내던져진 동전들은 세속적인 것들을 천박하게 낭비하는 것을 상징적으로 보여주고 있다.

원문&직관을 활용한 기본 실전 상담

1 필요(돈)에 의한 관계
2 하찮은 낭비
3 한때 즐기는 관계
4 유흥에 빠진 타락

KNIGHT OF PENTACLES

마르세이유 & 유니버셜 웨이트

현실적 기회를 좇는 인물, 물질을 추구하는 즉흥적인 인물, 현실에 이끌리는 인물, 안정적인 물질과 행동, 신중함, 책임감 있는, 인내, 근면, 안정, 정체된, 주의 깊은

KING OF PENTACLES

1 **파란색 계열의 신발, 옷** 감정적 욕구, 충만

2 **보석함** 우월한 경제적 능력

3 **계약서** 목적이 있는 계약 관계

4 **분홍색 머리띠, 분홍색 옷** 야릇함, 성적 유혹, 열정적 사랑에 다가감

데카메론 카드 이미지 핵심 해설

왕이 옷을 다 벗지 않은 채로, 분홍색 머리띠를 쓰고 분홍색 옷을 입은 여성을 끌어안으며 섹스를 하고 있다. 옆의 탁자 위에는 계약서로 보이는 문서 위에 장식이 화려한 보석함이 있으며 그 속에는 시종, 기사와 비교가 안 될 정도로 금화 등 돈이 가득하다. 왕은 파란색 계열의 신발을 신고 있으며 여성은 왼쪽 다리로 왕을 꽉 붙들고 있다.

데카메론 원서 해설을 통한 실전 상담

원서 Power does not waste time in courtships. Lack of scruples and interest by one of the parties. Each benefits with little fatigue and risk.

해설 권력이 있어 구애로 쓸데없는 에너지를 낭비하지 않는다. 둘 중 한 명은 양심 결여에 흥미도 없지만 각자 구애를 위해 에너지를 쏟거나 위험을 감수하지 않아도 되기에 둘 다 이득을 보는 것이다.

원문&직관을 활용한 기본 실전 상담

1 권력과 연관된 관계

2 현실적이고 계산적인 관계

3 계약으로 성사된 관계

마르세이유 & 유니버셜 웨이트

당당함을 소유한 풍요로운 인물, 물질에 대한 자신감을 가진 권위적 인물, 자산에 대한 여유를 가진 인물, 현명함, 경제적 능력, 배짱, 물질적 풍요, 강한 소유욕

QUEEN OF PENTACLES

데카메론 카드 상징

1 **돈주머니** 인생의 최고 우선순위
2 **하얀 카라** 순수하고 솔직한 성적 욕구
3 **머리부터 발끝까지 분홍, 붉은 계열** 애틋한 관심의 욕구, 성적 열정, 욕구
4 **주위 사람들** 과시욕

데카메론 카드 이미지 핵심 해설

큰 분홍색 계열의 원형 모자를 쓴 여왕이, 많은 백성에 둘러싸여 행차하는 길에 뒤따라오던 병사의 실수로 분홍색 드레스를 밟힌다. 드레스가 찢어지며 여왕의 음부가 드러났는데 여왕은 흘러내리는 돈주머니를 잡기에 급급하다. 빨간색 신발을 신고 있는 여왕의 드레스 옷깃에는 왕의 옷에서 자주 등장하는 올챙이*가 보인다.

데카메론 원서 해설을 통한 실전 상담

원서 Denial for greed and vanity only leads to the loss of one's own identity and absurdity.

해설 탐욕과 허영을 인정하지 않는 것은 자신의 정체성을 잃어 가며 모순된 모습으로 이어질 따름이다.

원문&직관을 활용한 기본 실전 상담

1 재화가 인생 최고의 가치
2 욕심, 과시욕
3 어리석은 허영심

마르세이유 & 유니버셜 웨이트

현실적이고 이해타산적인 인물, 물질적 여유를 가진 헌신적 인물, 풍요, 관대한, 행복, 임신, 성공, 넓은 마음

* 하얀 바탕의 올챙이 이미지를 인물이 완전히 입고 있는지, 일부만 입고 있는지, 완전히 벗고 있는지에 따라 성적인 활력의 상황, 욕구 상황에 차이가 있다.

지금까지 파악한 데카메론의 내용을 기반으로 실전 상담을 연습해 본다.

개념을 파악한 이유는 실전에 정확히 접목하여 정확한 상담을 하며 내담자에게 올바른 조언과 코치를 하기 위함이라고 할 수 있다. 그러므로 데카메론 실전 상담의 내용을 완벽히 잘 이해해야 할 필요가 있다.

특히, 상담에서 많이 사용되는 스프레드가 한 장의 카드를 선택, 배열하는 원 카드 스프레드와 세 장의 카드를 선택, 배열하는 쓰리 카드 스프레드이므로 이 두 가지의 실전 상담을 많이 다루어 본다.

또한, 데카메론 상담전문가들이 심도 있는 질문에서 효율적으로 사용하는 스프레드 방법인 14장을 선택하는 '데카메론 전문 스프레드'와 그 응용인 '데카메론 전문 스프레드 활용'에 관한 실전 상담을 전문적으로 다루어 본다.

물론 실전 고급 상담의 종합적인 내용은 추후 출간될 예정인 저자의 저서를 참고하면 될 듯하다. 또한, 종합적인 타로카드의 개념 및 내용을 공부하기 원하는 독자들은 저자의 대표서인 『타로카드 상담전문가』(해드림출판사, 최지원)를 참고하면 많은 도움이 되리라 생각된다.

해당 실전 상담 연습 편에 전문 상담가가 기록되어 있는 것은 데카메론 공저&트레이너가 수강생과 독자들을 위해 특별히 상담, 작성한 내용이다. 특히, 전문가인 데카메론 공저&트레이너가 타로 상담전문가를 꿈꾸고 있는 수강생과 독자들에게 전하는 귀중한 조언을 수록했다.

[원 카드 스프레드]

....

질문

이혼 후 직장 내 연하의 남성이 본인에게 호기심을 갖기 시작하는 것 같습니다. 지금의 상황에 대해 알고 싶습니다. (30대 초반의 여성)

....

해석

(여자는 아름다운 몸매와 얼굴을 소유하고 있습니다.) 연하의 남성이 여성의 이런 외모만을 바라보고 있듯이 내담자 본인도 연하의 남성과 아름다운 환상만을 꿈꾸고 있군요. (내담자도 연하의 남성이 맘에 들어 내담자에게 실질적으로 다가오기를 기대하고 있습니다.) 하지만 내담자와 연하의 남성 모두 쉽게 다가가지 못하는 상황입니다. 지금의 상황으로는 상상, 환상으로 끝날 수 있습니다. 이런 여러 환상을 버리고 현실적인 세계로 돌아와야 의미 있는 만남으로 이어질 수 있습니다.

....

조언&코칭

현재 상황에서 가장 중요한 것은 환상을 버리고 현실을 맞이해야 한다는 것입니다. 즉, 나무에서 내려와야 한다는 것이지요. 현실과 이상에서의 명확한 판단과 그 판단을 통해 현실적인 직시가 필요합니다.

[원 카드 스프레드]

....

질문

남편과 주말 부부입니다. 말은 주말 부부이나 실상은 한 달에 한 번 보기 급급합니다. 지금의 상황에 대해 알고 싶습니다. (30대 중반의 여성)

....

해석

(평소 여성은 주변의 시선을 의식하고 있습니다.) 여성은 경제적인 부분에 있어서는 큰 걱정이 없는 상황입니다. 많은 시간을 외로워하며 이겨냈군요. 하지만, 주변 시선을 피해 자신만의 힐링, 치유의 시간을 원합니다. (이미 가졌을 수도) 즉, 기존 성적으로 충만하고 싶은 여성으로서 사랑을 받지 못하는 무의미하다고 여겨지는 일상생활에서의 일탈(탈선)을 꿈꾸고 있습니다. (이미 탈선을 했을지도) 평소 일상에서의 모든 부정적인 부분을 날려버릴 수 있는 시간을 꿈꾸고 있군요. (이미 실현했을 수도/ 조만간 그런 상황이 생길 수도)

....

조언&코칭

지금의 상황으로는 일시적인 힐링, 치유를 얻을 수 있습니다. 진정한 힐링, 치유를 위해서는 남편과의 솔직한 대화가 이루어져야 할 것입니다.

사례 03   초급 중급 고급

[원 카드 스프레드]

··

질문

만난지 3개월 되어가는 여자친구가 있습니다. 여자친구가 요즘 조금 저에게 불만이 있는 것 같은데 이야기를 안합니다. 여자친구는 어떤 마음일까요? (20대 후반 남성)

··

해석

여자친구분과는 그래도 좋은 관계를 유지하고 있는 것 같습니다. 서로 호감이 있고 신뢰하면서 서로에게 빠져있는 것처럼 보입니다. 하지만 이제 막 관계를 시작한 연인들처럼 서툴지만 마냥 좋기만 한 단계에서 이제는 조금 더 한발 나아가는 것이 필요하지 않을까 합니다. 지금의 관계에서 내담자분은 여자친구분과의 관계를 즐기며 사랑에 눈을 뜨기 시작한 듯 보입니다. 하지만 내담자분은 약간 엉뚱한 구석이 있어보이네요. 온전히 관계에 집중하는 듯 하면서도 다른 것에 시선이 가기도 하고 엉뚱한 시도나 장난도 하는 듯 보입니다. 여자친구분이 그래도 내담자분을 완전히 믿고 신뢰하고 계시고 만족하고 있는 듯이 보입니다. 좋기는 한데 뭔가 내담자분에게서 서툴고 미숙한 부분을 느끼시는것 같아요. 다양한 시도도 좋고 장난기도 좋지만 그

런 부분에서 여자친구분의 마음이 어떤지 살펴보는 것이 필요한듯 합니다. 여자친구분의 요구사항이나 욕구를 물어보며 함께 해 나가는 것이 필요해 보입니다.

··

조언&코칭

이제 막 사랑에 눈뜬 서툴지만 서로 시작하는 관계입니다. 서로를 더 아끼고 사랑하는 단계로의 발전을 위해서는 상대방을 배려하는 더 속 깊은 이야기가 필요한 것 같습니다. 사랑은 어떤 모습이든 혼자 가는게 아니라 함께 손잡고 가는 것이니까요. 여자친구분에게 어떤 행동이나 계획을 잡기 전에 물어보세요. 그리고 여자친구분의 의견을 잘 경청하시고 수용하셔서 내담자분도 여자친구분도 함께 즐거울 수 있는 관계들을 만들어 나가시길 바랍니다.

사례 04   초급 중급 고급

[원 카드 스프레드]

질문

회사 대표님이 업무적인 일 외에도 밤, 낮을 가리지 않고 수시로 불러 내어 오라가라 하십니다. 부담되기도 하고 어디까지 맞춰 드려야 하는지도 모르겠습니다. 대표님의 의도는 무엇일까요? (40대 중반 남성)

해석

크게 나쁜 의도가 있어 보이진 않습니다. 대표님은 자신의 즐거움과 행복을 위해 필요이상으로 부하 직원과의 사적인 관계를 맺으려 하고 있습니다. 내담자분께서는 최선을 다하고 있지만 대표님은 아직 만족하지 못한 듯 합니다. 아랫사람이 자기 마음에 쏙 들게 맞추어 주기를 바라는 것 같습니다.

조언&코칭

상사와 부하 직원 이긴 하지만 한 쪽만 만족스러운 관계는 오래 가지 못합니다. 즐거운 회사생활을 위해 관계의 조화와 균형을 맞출 필요성이 있습니다. 그렇지 않으면 책임져야 할 일이 생길 수 있으니 주의하시기 바랍니다. 예를 들어 술자리에서 실수도 할 수 있고, 금전적인 지출과 장기적으로는 건강에도 좋지 않은 영향을 주게 될 수 있습니다.

사례 05

질문

지난 7월, 미국에서 생활하고 있는 딸(33세, 약사)에게 다니러 갔더니 남친이 생겼다고 소개해 주었어요. 교회에서 만나 3개월째 사귀고 있다고 했어요. 그런데 며칠 전 전화로 남친이 결혼이야기를 하면서 내년 2월에는 결혼하면 좋겠다고 했다고 합니다. 내가 보기에는 딸이 평상시 말하던 이상형도 아닌 것 같은데 딸과 딸의 남친은 어떻게 될까요? 그리고 아이들이 서로 잘 맞는지도 궁금합니다. (58세 여성)

....

해석

따님과 따님 남친의 관계를 살펴보면 따님은 밝고 믿음이 가는 이상적인 사람으로 자상하고 배려심 많으며 자신의 감정을 잘 통제하는 매력적인 사람입니다(17번 별, 컵 왕). 활기차고 충만한 에너지를 갖고 있는데 너무 마음이 넓고 이해심과 동정심이 많아 오해를 만들 수도 있겠습니다(19번 태양, 펜타클 여왕). 남친에게 어떠한 어려움도 극복하려는 열정과 정신력을 가지길 기대하고 있습니다.(완즈7번)

따님의 남친은 현실적이고 책임감이 강하며 따님과의 만남을 운명적인 만남이라 생각하고 있습니다(4번 황제, 10번 운명의 수레바퀴). 일에 집중하고 잘 준비하는 힘도 있으나 충동적이고 엉뚱하며 무계획적일 수 있습니다(완즈 9번, 0번 바보). 따님에게 외로움을 달래고 안정된 생활을 도와주길 바라고 있습니다(소드 4번). 따님과 따님의 남친은 아직 불안정하고 고통을 동반할 수 있는 관계로 갈등과 배신이 있을 것 같습니다(소드 5번).

따님과 따님 남친은 갑작스럽게 만나 관계가 시작되었고, 아직 불안정한 관계로 일시적으로 좋은 듯 하나 결과적으로 좋지 않은 것 같습니다. 따님의 남친은 따님에게 모든 것을 맡기고 일방적으로 이해해주고 배려하길 바라고 있습니다. 따님이 많이 힘들 것 같습니다.

[원 카드 스프레드]

조언&코칭

따님이 진정으로 원하는 것이 무엇인지, 좀 더 남친에 대하여 솔직하게 생각해 볼 필요가 있습니다. 미래에 대한 확신이 없다면 시간을 가지고 좀 더 생각해 보는 것이 좋을 것 같습니다.

사례 06   초급 중급 고급

[데카메론 타로카드]   [유니버셜 웨이트 타로]   [컬러 타로]

BLUE GREEN

....

질문

고등학교 동창으로 오랫동안 친하게 지내온 남사친(남자사람친구)이
있습니다. 동성친구처럼 친하게 지내와서 부담이 없었습니다. 그런
데 언제가부터 그 남사친이 부담스러워지기 시작했습니다. 그 남사
친이 저를 좋아한다고 고백하고 나서부터 인 것 같습니다. 적당히 거
리를 두고 단지 친구로서만 만나려고 하는데 원래 친하게 지냈던 친
구인지라 갑자기 밀어내면 상처를 받을 것 같아 고민입니다. 지금의
상황에 대해 알고싶습니다.(20대 중반의 여성)

....

해석

오랫동안 친구로만 알고 지냈던 남사친의 좋아한다는 고백으로 많이
혼란스러우실 것 같습니다. 이성적으로 느껴지지 않았던 친구의 고
백은 당황스럽기도 하고, 그동안 친하게 지내왔던 상황에서 그 친구
의 고백을 모르는 척할 수도 없고, 이성관계로 나아갈 수도 없어 이러
지도 저러지도 못하는 현재 상황이 많이 힘들어 보입니다.

데카메론 5번 카드의 이미지를 잠깐 살펴보겠습니다. 이 카드의 주인공은 주변에서 이성이 아무리 유혹하고 호감을 비춰도 주인공은 시종일관 책에만 눈이 가 있습니다. 즉 내담자님은 남사친의 좋아한다는 고백을 들었어도 그 남사친에게 이성적인 끌림이 없어 보입니다. 남사친의 갑작스런 고백으로 인해 현재 두 분의 관계는 정체상태인 것으로 보여집니다. 앞으로 나아가지도 뒤로 후퇴하지 못하는 내담자님의 고심이 보입니다.

위 데카메론 카드의 상단 오른쪽 부분의 나뭇가지와 보조카드 유니버설 웨이트 카드의 상단 나뭇가지에는 열매가 없고 나뭇가지만 보입니다. 이는 두 분 사이에 결실이 없음을 나타냅니다. 즉 이성적인 관계로 발전하기에는 역부족입니다. 갑작스러운 고백으로 상황적 혼란과 어려움이 있지만 곧 안정을 찾으실 것으로 보입니다.

두 번째 보조카드인 컬러타로를 보면 블루그린이 나왔습니다. 이 카드의 의미는 안정, 균형, 순환, 자연스러움 등의 의미를 갖고 있습니다. 따라서 갑작스러운 남사친의 고백으로 다소 혼란스럽고 두 분의 관계가 정체되어있는 상태처럼 보이지만 일정 시기가 지나면 자연스럽게 다시 원래의 관계로 돌아갈 것입니다.

조언&코칭

현재 상황의 혼란스러움과 고민으로 인해 이 상황을 빨리 해결해야 겠다는 생각에 급한 마음으로 내담자님의 마음을 남사친에게 전달한다면 오랫동안 쌓아왔던 친분과 관계가 깨질 가능성이 높습니다. 그러므로 내담자님께서는 자신의 진짜 마음이 무엇인지 생각해 보고 마음의 정리를 위해 다소 시간이 필요할 듯 보입니다. 그리고 자신의 마음을 생각으로 그치지 마시고 노트에 적어보시길 권합니다. 예를 들어 남사친과 연인으로 발전했을 때와 현재관계를 그대로 유지했을 때의 장단점을 적어 보시고 내 마음의 흐름이 어디로 더 많이 향하는지 살펴보십시오. 그리고 마음이 정리된다면 남사친에게 자신의 마음을 진솔하게 전할 필요가 있습니다. 거리를 두고 피한다고 해서 문제가 저절로 해결되지는 않습니다. 그러므로 자신의 마음을 정리해서 상대방에게 전달하는 것이 좋을 듯싶습니다. 그렇지 않으면 오해만 쌓이게 되고 오랫동안 친분을 가졌던 관계를 잃게 될 것입니다. 내담자님의 남사친은 꽉 막힌 사람이 아니기 때문에 내담자님께서 자신의 마음을 진솔하게 말씀하신다면 관계가 깨지지 않고 원래의 관계로 돌아올 것입니다.

[쓰리 카드 스프레드]

....

질문

지금 사귀는 남자 친구와의 앞으로의 관계가 어떻게 될까요? (20대 후반의 여성)

....

해석

과거 내담자와 남자 친구는 설렘을 가지고 만남을 가져 왔으나 내담자는 남자 친구에게 진솔한 속마음을 다 드러내지 않으며 성적인 본능에만 충실했군요. 현재 내담자는 감수성이 풍부하고 성적으로도 욕구가 세며 금전적인 부분보다는 감정의 만족감을 더 중요시하고 있습니다. 남자 친구는 내담자의 육체를 탐닉하기 좋아하며 항상 밝고 유쾌한 성격이군요. 미래 내담자는 남자 친구의 실망스러운 모습을 보며 갈등하고 여러 생각이 많아지게 됩니다. 여자와 남자는 수준도 맞지 않고 생각도 다르게 될 것이며, 이런 남자 친구에게 내담자는 만족하지 못하고 뒤돌아설 수 있습니다. 이렇듯 앞으로 남자 친구에 대한 갈등, 고민, 불만 등이 생길 수 있습니다.

....

조언&코칭

과거의 모습과 달라진 미래의 모습을 직면하게 된다면 큰 변화가 일어날 수 있습니다. 처음 만남의 흥분과 설렘은 변할 수 있으니, 흥분과 설렘에 앞서 진실한 여러 방면을 정확히 파악하는 것이 남녀 사이에서 필요할 수 있습니다.

[쓰리 카드 스프레드]

질문

지금 사귀는 남자 친구와 둘만의 시간도 갖고 여행도 다녀오고 싶은데 남자 친구는 자신만 생각합니다. 지금 상황에서 필요한 것은 무엇일까요? (20대 초반의 여성)

해석

리딩 현재 새로운 상황을 꿈꾸고 있습니다. 남자 친구의 괴팍함, 자기 통제의 어려움, 자신만을 생각하는 점 등의 부족한 면을 보며 남자 친구 몰래 주변에 있는 새로운 남성(남자 친구와 친분이 있는 사람)에게 손을 내밀고 싶군요(있군요). 조언&코칭 요즘 시대에 어려운 일이겠지만 먼저 남자 친구를 위해 배려하며 희생, 봉사하는 자세가 필요합니다. (남자도 서서히 내담자를 배려하게 될 것입니다.) 결과 이런 조언&코칭을 따르게 된다면 최고의 커플로 서로를 배려하며 서로 큰 만족을 느끼게 될 것이며, 더 나은 관계로 나아갈 수도 있을 것입니다.

조언&코칭

두 사람의 관계에서 제일 필요한 부분은 서로 간의 배려와 이해입니다. 현재 상황에서 노력에 앞서 내담자의 마음이 다른 곳으로 움직이려 하고 있습니다. 내담자께서 먼저 배려하면 배려를 받게 되며 둘 사이의 관계에서 만족감을 느끼게 될 것입니다.

사례 09

[쓰리 카드 스프레드]

··

질문

남편과는 요즘 사이가 좋지 못합니다. 겉으로는 평화롭게 지내고는 있는데 남편이 하는 말이나 하는 행동이 마음에 안들기도 하구요. 하지만 그렇다고 화를 내고 싸우지는 않습니다. 어떻게 하면 좋을까요?
(30대 후반 여성)

··

해석

(현재) 남편과의 관계가 겉으로는 화목해보이고 문제 없어보이지만 실제로는 그렇지 않은 듯 합니다. 그저 아이를 위해, 가정의 평화를 위해 남편에게 맞춰주면서 참으며 지내왔던 것으로 보이네요. 그만큼 불만도 차곡 차곡 쌓아온 것으로 보이구요. (조언) 하지만 그 불만이 실제로 그런지에 대해서 점검해보는 것이 필요한 듯 합니다. '남편은 이래야해', '아빠는 이래야해'라는 나름의 환상이나 틀을 가지고 남편을 대해온 것은 아닐까요. 기대치가 크면 실망도 큰 법이니까요. 남편에게 솔직하게 이렇게 해달라고 이야기하기보다 그저 먼저 '이렇게 하면 좋을텐데.. 이렇게 좀 해주지.'라고 일방적으로 정해놓고, 기대한대로 행동하지 않으면 실망하고 속상해만 한 듯 보입니다. (결과) 그 틀만, 환상만 버리고 오롯이 남편을 있는 그대로 마주하고 관계를 마주한다면 남편분 과의 관계는 충분히 좋아질 듯 보입니다.

조언&코칭

남이 먼저 변하기를 바라고 변화시키기란 참으로 어려운 일입니다.
차라리 내가 변하는 것이 더 쉽지요. 상대방에 대한 불만이 많다는 건
그만큼 상대방에 대한 기대치가 크다는 의미이기도 합니다. 남편분
을 바라보는 나의 시선을 먼저 바꾸려고 노력해보세요. 나 스스로가
남편에게 가지고 있는 기대치가 큰 건 아닌지, 기대치를 조금만 낮추
어도 그동안 마음에 들지 않았던 남편의 말이나 행동이 조금은 달라
보입니다. 상대를 바라보는 내 마음이 편해지면 상대의 말이나 행동
이 조금 덜 불편해집니다. 상대에게 자신이 불편하게 생각한 부분을
부드럽게 이야기할 수도 있구요. 그러면서 상대가 조금씩 변하고, 상
대의 변한 부분이 보이고 나도 더 노력하게 됩니다. 그러다보면 조금
씩 서로가 서로를 배려하는 관계로 더 나아가 사랑을 표현하고 주고
받는 관계로 성장해나갈 수 있게 될 것입니다.

사례 10

[쓰리 카드 스프레드]

....

질문1

3년을 장거리 연애를 하다 갑자기 흐지부지 연락 없이 헤어진 지 5개월이 좀 넘었습니다. 어느 날 그 사람이 느닷없이 찾아왔어요. 이 사람의 마음은 뭘까요?? (질문자 30대 후반 여성)

....

해석

일상적으로 반복되던 만남이 흐지부지 끝나게 된 원인이었던 것 같아 보입니다. 3년이면 처음에 뜨거웠던 연애가 안정기로 접어들어 편안한 상태였을 것으로 여겨집니다. 특히 여성분 입장에서는 만족스러운 관계였지만 상대방은 이 관계를 부담스러워 했을 수도 있겠습니다. 그러나 이사람 저사람 만나봤자 오랜 시간 만나온 만큼 서로를 잘 이해하고 있는 상대를 만나는 건 쉬운 일이 아니죠, 아마도 상대방은 그것을 알아차린 듯 합니다. 상대방은 아쉽게 끝난 관계의 새로운 시작과 사랑의 완성을 이루고 싶어 하며 강하게 당신을 원하고 있습니다. 당신을 만족시키기 위해 노력할 마음은 이미 충분해 보입니다. 남성분은 다시 사랑하기 원하시네요.

질문2

그렇다면, 다시 만나도 좋을까요?

[쓰리 카드 스프레드]

....

해석

연락이 왔다고 해서 무조건 다시 만나야 하는 것은 아닙니다. 본인의 선택이 중요하지요. 앞선 이별의 원인으로 나온 카드가 반복하여 나왔습니다. 당장의 외로움이나 거절하기 힘들어 재회를 선택한다면 완벽해 보이는 관계 뒤에 부정적인 어두운 그림자들이 따라 올 것입니다. 그리고 과거 연애 방식의 반복을 경험하게 될 것이고 같은 이유로 남성분은 또 지치고 힘들어 하겠지요, 이번에는 여성분도 많이 힘들고 지치게 될 것입니다.

....

조언&코칭

3년을 만나고 정리도 없이 5개월을 연락 없이 지냈던 사람입니다. 본인도 마찬가지이구요, 왜 찾지 않았을까요? 왜 찾지 않으셨나요? 남성분이 없어도 괜찮게 지낼 수 있었기 때문 아닐까요. 그렇다면 굳이 갑자기 찾아온 이 사람과 당장 시작해야 할 필요가 있을까요? 무엇 때문에 연락을 끊은 건지부터 대화로 풀어 보는 것이 좋겠습니다.

사례 11 　　　　　　　　　　　　　　　　　초급 **중급** 고급

[쓰리 카드 스프레드]

....

질문

저는 교직 생활 4년차인데 지난 4월 운동하러 갔다가 다른 학교 근무하는 남선생님을 만났습니다. 같이 운동을 하면서 조금씩 알게 되었고, 크게 진전이 있는 것은 아니지만 저에 대한 친절과 배려가 있어 호감이 가고 마음이 끌립니다. 나이도 있어 진지하게 사귀고 싶은데 앞으로 어떻게 될까요? (28세 여성)

....

해석

지금까지 내담자분과 남자분은 운동으로 취미생활도 같이 하며 만남을 갖고, 마음을 나누고 계신 것 같습니다. 서로가 관심을 갖는 관계이나 내담자분이 주도적으로 이끌어 오신 것 같습니다(과거 11번 힘).

　현재 두 분이 새로운 환경으로 나아가려는 의지도 있고, 현실적으로 주변 문제들을 잘 해결해 나가며 과거보다 나은 미래로 나아가고 있습니다(현재 13번 죽음).

그러나 아직은 극복해야 할 장애물이 있고, 남선생님의 일방적인 행동으로 갈등이나 다툼이 있을 수 있습니다. 남자분의 섹스나 스킨십 등 적극적인 행동에 내담자분이 부담을 갖기도 할 것 같습니다. 두 분이 사랑의 결실을 맺기 위한 다양한 노력이 필요할 것 같습니다(미래완즈 5번).

....

조언&코칭

서로의 마음을 헤아려 주며 즐거운 데이트를 하시고, 서로를 배려하면서 믿음과 신뢰를 키워나간다면 좋은 관계로 진전될 수 있을 것입니다. 서로 희망하는 것이 무엇인지, 요구하는 것이 무엇인지, 솔직하게 소통하며 해결해 나가야 예쁘게 사랑을 키워가실 수 있습니다.

사례 12   초급 **중급** 고급

질문

가족과의 갈등으로 너무 힘듭니다. 특히 엄마와의 관계는 더욱 절 힘
들게 합니다. 가족 안에서 제 편은 단 한 사람도 없습니다. 중학교때
부터 엄마와 아빠는 늘 제가 하는 행동을 못마땅하게 생각하고 잔소
리를 퍼부었습니다. 저에게 있어 해방구는 친구들과 게임뿐입니다.
집에서는 극심한 스트레스로 인해 생활이 고통스러워 가족들과는 거
의 말을 하지 않고 지냅니다. 집에 들어가기 싫어 늦게까지 학교나
PC방, 독서실 등에서 있다가 잠만 자러 들어갑니다. 학교에서는 친
구들과 선후배, 교수님과는 사이가 좋고 즐겁습니다. 저는 어떻게 해
야 할까요?(20대 초반 남학생)

[데카메론타로]

[유니버셜 웨이트 카드]

[컬러 카드]

III

WHITE   ORANGE   INDIGO

해석

내담자님은 가족들에게 받은 상처와 아픔이 많군요. 가족 간에 소통이 부족해 보입니다. 가정 안에서는 의지할 곳이 없고 겉돌지만 학교에서는 선생님들과 친구들 간에 관계가 좋고 인기도 많습니다. 내담자님은 호기심이 많고 즐거움, 쾌락 등의 흥미를 추구하는 데 비해 가족들은 이러한 내담자님의 성향을 이해하지 못하고 주관적인 시선으로 내담자님을 보고 있는 듯합니다. 갈등이 계속 지속된다면 결국 서로에게 깊은 상처를 주게 됩니다. 감정의 골로 인한 상처는 쉽게 아물지 않으며 작은 상처에도 곧잘 곪고 덧나게 마련입니다. 내담자님께서 가족의 도움없이 나만의 행복을 위해서 즐거움, 호기심, 쾌락 등을 계속 추구하신다면 가족관계는 더 힘들어 지고 내담자님은 고립될 가능성이 커 보입니다. 내담자님에게는 가족 간의 진솔한 대화를 통한 소통과 배려가 필요해 보입니다. 서로가 상대를 이해하고 배려하며 있는 그대로 받아 들이려 할 때 서로 만족스러운 관계가 될 것입니다. 화를 내기보다 차분하게 가족들의 말을 경청하는 자세로 대화를 이어가기 바랍니다. 가족들의 생각과 의견에 귀를 기울이시고 들으려 하십시요. 그리고 상대방의 의견을 인정해 주시고 내 생각이나 의견, 감정 등을 상대에게 전달하십시요. 화를 내거나 흥분하지 말고 차분하게 가족과의 대화를 이끌어 가시기 권해 드립니다.

....

조언&코칭

부실공사를 한 건물은 금방 무너지는 법이지만 이를 깨닫고 새로운 마음으로 무너진 그 자리에 기반을 다져 간다면 이전보다 더 멋지고 튼튼한 건물을 지을 수 있을 것입니다. 서로 힘들 때 가족 간에 이해와 배려 상호 소통을 통해 문제를 해결해 나간다면 만족스럽고 행복한 가족관계를 만들어 나갈 수 있을 것입니다. 지금은 가족 간의 대화가 필요한 시기입니다. 내담자님은 학교에서는 나와 비슷한 성향의 친구들과 어울리고 소통을 많이 하기 때문에 관계가 좋은 편이나 가족 간의 관계에서는 서로 성향과 추구하는 것이 다르기 때문에 갈등과 어려움이 생겨날 수 있습니다. 자신의 감정을 솔직하게 부모님께 전달하고 부모님의 말도 경청하여 내담자님과 부모님 간에 의견차이가 무엇이고 조율하려면 어떻게 해야 될지에 대해 생각해 보시기 바랍니다.

[데카메론 전문 스프레드]

질문

결혼한 지 2년 차 부부입니다. 현재, 우리 부부 관계가 많이 냉정해졌습니다. 연애 때처럼 좋은 관계가 호전되기를 바랄 뿐입니다. 어떻게 해야 할까요? (30대 중반 여성)

해석

(지면상 핵심 카드만 파악) 현재 상황에서의 남편분과 내담자분은 부부 관계가 잘 이루어지기를 원한다는 공통적인 열망이 있군요. 하지만, 이런 공통적인 열망에도 불구하고 관계가 호전되지 않는 것은 본인 각자의 입장만 고수한다는 것이지요. 남편분은 자신이 내담자분보다 우위에서 존중받기를 원하며, 관계에서도 리드하고 싶은 열망을 갖지만, 이와 대조적으로 내담자분은 본인 위주로 부부 관계가 이루어지기를 원하며 본인이 가장 중요하다고 생각하고 있습니다. 서로를 배려하고 존중해야 하며, 각자를 이해해 주기 위한 노력이 필요한 상황입니다.

조언&코칭

현재 남편분이 상황적으로 많이 눈치도 보고 감정의 기복이 있어 그것이 행동으로 표출되고 있다는 점을 고려한다면, 내담자분의 남편분에 대한 우선적인 배려가 상당히 중요합니다.

사례 14

질문

남편과는 언제부터인지 모르게 섹스리스로 지내고 있습니다. 그러다가 요즘은 각방을 쓰고 지내고 있구요. 남편은 주말마다 골프를 치며 지내고 저도 제가 좋아하는 다양한 취미생활들을 하며 지내고 있다보니 큰 다툼이나 불화는 없습니다. 그래도 가끔씩은 이래도 되나 싶은 불안한 기분이 들기도 하는데요. 저희 부부는 어떻게 하면 좋을까요? (30대 후반 여성)

[데카메론 전문 스프레드]

해석

남편분은 내담자분과 감정적으로 좋은 관계를 유지하고 싶은 마음 뿐 아니라 성적으로도 내담자분에게 사랑받고 싶은 마음이 있으신 것 같습니다. 내담자분은 성적인 것에 관심이 없는 것 같이 보이지만 지금의 두 분의 관계에서의 변화를 바라는 것처럼 보이기도 합니다.

두 분은 성과 관련된 문제가 발생되었고 섹스리스로 지내는 시간이 길어질수록 더 어색해지고 관계 자체에 대한 두려움도 생기기 시작한 듯 합니다. 하지만 욕구가 아예 없는건 아닙니다. 성에 관한 욕구는 가지고 있으나 두 분이 솔직하게 만나 자신의 욕구를 드러내기 보다는 내담자분과 남편분이 각각 자신의 취미생활을 하며 풀어내는 것 같네요. 서로 자유롭게 상대방의 취미생활을 인정해주며 경제적으로도 돈을 쓰는 것에 구애받지 않게 보이는 듯 합니다.

남편분은 내담자분에게 거부당한 경험이 있는 듯 보이는데요. (사고) 아내분을 만족시켜주고 싶다고 생각은 하시면서 (가슴)가끔은 일방적이고 일탈적인 관계를 꿈꾸기도 합니다. (행동)아이들이 없이 둘만의 시간을 위해 집이 아닌 다른 장소에서의 관계를 바라는 듯 보입니다.

(사고)내담자분은 남편분이 아이들이 있지만 예상치 못한 상황에서라도 갑작스러운 관계를 맺기를 바라기도 합니다. (가슴)남편분이 내담자분을 따뜻하게 품어주기를 바르는 마음도 있구요. (행동)하지만 자신은 괜찮은 것처럼 관심없는 것처럼 행동하고 있고 동시에 자유로워지고 싶은 마음도 있어 보입니다.

두 분이 요즘 뜸해진 부부관계를 회복하기 위해서는 좀 더 본능에 솔직해지시고 표현하시는 것이 필요합니다. 관계에 대해서 스트레스를 받지 않고 편안해 진다면 내담자분이 바라는 관계가 시작될 수 있을 듯합니다.

조언&코칭

부부관계가 뜸한 것이지 내담자분도 남편분도 욕구가 없는 것은 아닙니다. 각자 취미생활을 하며 스스로가 지금의 부부관계에 대한 불만이나 불안들을 애써 외면하고 지내는 것 같습니다. 서로 솔직하게 자신의 욕구를 드러내는 것이 필요합니다. 부부관계에서 느끼는 것, 바라는 것들을 표현하는 것이 필요합니다. 내담자분이 표현하셔도 됩니다. 남편분은 내담자분의 욕구를 들어줄 준비가 되어 있습니다. 하지만 스트레스 받거나 자존심 상하지 않도록 배려하는 것이 필요합니다. 그렇게만 된다면 일상적인 삶에서 다시 예전의 좋았던 관계로 돌아가서 서로 즐기는 만족스러운 관계가 시작될 수 있을 것입니다.

사례 15

[데카메론 전문 스프레드]

질문

제 상황이 여의치 않아 만나던 사람과 그만 만나는 게 좋겠다고 먼저 말했습니다. 앞으로 관계가 어떻게 될지 궁금합니다.(30대 후반 남성)

해석

네, 남성분께서 지금 여성분의 입장을 신경써줄 상황이 아닌 것 같네요. 본인 앞가림도 여의치 않아 보입니다. 여성분께 신경을 못 쓰고 다른 직장 문제나 현실적인 문제들로 신경 쓸 부분이 많아 보이시네요(펜타클 여왕). 여성분은 이 관계에서 감정적인 만족을 느끼고 있고 위기상황을 잘 넘겨보려 하고 있습니다. 전혀 이 상황을 예측하지 못한 것 같네요(전차).

지금까지 서로가 생각해온 측면을 살펴보면 두 분의 관계에서 한쪽이 힘들어하는 관계를 맺어 왔고 앞으로는 좀 더 배려 받고 싶다고 생각하시는 듯 합니다. 또는 가능하다면 새로운 상대를 만나고 싶은 마음일 수도 있겠네요. 카드를 보면 여성이 힘들어하고 있고, 배려를 받고 있는 쪽도 여성이지만, 본인 카드에서 펜타클 여왕을 뽑은 것과 연결하여 보면 주변의 여성 인물(여자친구)일 수 있지만 카드는 또한 나 자신의 남성답지 못한 모습이기도 합니다. 카드들이 여성의 입장으로 나오는 걸로 보아 관계에서 더 많이 마음을 써 온 쪽이 남성분임을 알 수 있습니다. 또한 오래 만난 사이이며 서로에 대해 경험해 볼 만큼 다 알아 본 사이로 여성분을 감당하기 힘들어하고 있습니다. 관계의 새로움이 필요한 상태입니다(아래3장-지팡이 10번, 검 9번, 컵 에이스).

남성분은 여전히 뜨거운 사랑을 나누고 싶은 생각(사고-지팡이 3번)이 있으셔서, 섭섭하고 힘들어도 본심을 숨기고 서로 잘 맞추어서 조화롭게 잘 지내길 원하고 있습니다(마음-펜타클 9번), 하지만 내 마음대로 안 되니 속상하고 화가 나서 헤어지자고 여성분을 겁주는 행동으로 표현하신 듯 합니다(행동-컵 8번).

여성분은 자존심이 상했지만 남성분의 마음을 잡기 위해 자존심도 버릴 생각입니다(사고-검 기사). 반전된 상황에 많이 당황하고 갑작스런 이별 통보에 배신감도 들고 슬퍼하고 있습니다(마음-검 5번). 하지만 칼자루를 쥔 남자친구에게 잘 보이려 먼저 잘못했다고 용서를 구하거나, 성적인 매력을 어필하여 남성분의 마음을 바꿔보려 노력하려고 합니다(행동-지팡이 기사).

두 사람의 앞으로의 결과는 이번 계기를 통해 여성분이 남성분의 눈치를 보며 아무래도 전 보다는 적극적으로 다가오지 못하지만 빠른 시일 내에 관계가 회복되어 다시 뜨거운 사랑을 나누게 되고, 여성분이 남성분을 배려하려는 노력을 하면서 예전보다 만족스럽고 서로 안정적인 관계가 될 것으로 보입니다(위 3장-컵 4번, 지팡이 기사, 펜타클 4번)

··
조언&코칭
현실적인 상황이 여유가 없으니 그 동안 사랑으로 덮어줄 수 있었던 여성분의 자기 중심적 행동이나 본인을 힘들게 하는 요소들을 감당하기 벅차 힘든 결정을 내리신 듯 합니다. 여성분에 대한 마음과 계속 관계를 이어가고 싶은 생각은 여전히 가지고 계신 것 같아요. 많이 놀라고 서운할 텐데 이럴 때 더 크게 한 번 더 가슴을 내어줘 보는 건 어떨까요? 이번 계기로 더 돈독한 사이가 되기를 응원합니다.

사례 16　　　　　　　　　　　　　　　초급　중급　**고급**

[데카메론 전문 스프레드]

질문

요즈음 머리 아픈 일이 많아요. 특히 남편의 두 번 사업 실패로 경제적으로 많이 어려워진 것 때문에 화가 납니다. 그런데 남편은 일을 하지 않으려 하고, 겨우 집안 내려 받은 땅에 농사를 짓는데 수입이 없어 경제적으로 도움이 되지 않습니다. 그래서인지 남편이 자꾸 미워지고, 보고 있으면 화가 납니다. 아이들 때문에 지출이 많은데 남편이 무슨 생각을 하며 살고 있는지, 내가 어떻게 하면 좋을지 모르겠어요.(46세 여성)

해석

남편분은 자신감이 많이 상실되어 있으시고, 물질적인 문제 때문인지 스트레스를 받고 있군요(남자 소드 3번).

내담자분은 남편분의 이해 못할 행동과 경제적 능력 없음에 대한 원망으로 소통이 단절되고 있어 좋지 않은 상황을 만들고 있구요(여자 소드 10번).

예전에는 내담자분과 남편분이 경제적 활동을 같이하며 노력하였으나 어려움을 겪었고, 현재 갈등에 대하여 저항하며 자존심을 걸고 맞서고 있네요. 그러나 앞으로 내담자분은 남편을 신뢰하게 되며 좋은 관계로 나아가나 남편분은 내담자분에게 맞추느라 무척 힘들 것 같습니다(아래 소드 7번, 소드 시종, 컵 시종).

남편분은 내담자분과 뜨거운 열정을 나누며 능력을 가지고 좋은 관계로 지내기를 갈망하고 있고(왼쪽 컵 왕, 컵 3번, 펜타클 8번), 내담자분은 남편분께 만족스럽지 못한 현실, 경제적으로 어려운 상황을 해결해 주기를 갈망하고 있네요(오른쪽 소드 왕, 펜타클 10번, 펜타클 3번).

남편분은 가부장적 사고로 가족을 책임지고 부양해야 하는 의무감 때문에 스트레스를 받고 있습니다. 내담자분께서 남편분이 자신감을 가질 수 있도록 격려해 주시면 평화롭고 안정적인 평범한 가정을 이끄실 수 있으며 경제적으로도 좋아질 수 있을 것 같습니다(위 4번 황제, 완즈 4번, 펜타클 에이스).

··

조언&코칭

내담자분이 남편분을 믿고 자신감을 가지실 수 있도록 격려하고 응원해 주세요. 두 분이 서로를 이해하며 안정된 가정을 만들 수 있도록 함께 배려하고 이해하며 노력해 보세요. 앞으로 경제적으로도 나아지기 시작할 것입니다.

사례 17 초급 중급 **고급**

[데카메론 전문 스프레드]

질문

전남편과 오래전에 이혼했습니다. 이혼 사유는 전남편의 무분별한 씀씀이와 채무관계 때문이었습니다. 전남편의 빚을 갚아주다 보니 내 삶이 황폐해지는 느낌을 받았습니다. 그래도 자식들 때문에 꾹 참고 살았는데 남편이 어느 날 회사를 그만두고 지인을 돕기 위해 외국에 몇 년 나가 있어야 한다는 말을 하였습니다. 어렵게 들어간 직장인데 그만둔다는 말에 화도 나고 가장으로서의 책임감도 없다는 생각에 '외국에 가려면 이혼하고 가라'라는 초강수를 두었습니다. 사실 저는 상황이 힘들어도 아이들을 위해서 이혼에 대한 생각은 없었습니다. 초강수를 두면 직장을 그만두는 일도, 외국으로 나간다는 말도 접을 줄 알았는데 '그래, 이혼해'라는 말을 하는 남편을 보니 화가 치밀었습니다. 남편은 이혼하고 외국으로 나가 몇 년 있다가 귀국하였습니다. 당시 이혼의 조건이 아이들과 양가 가족들에게 이혼에 대해 말하지 않는 거여서 양가 친척들에게 경조사가 발생하거나 아이들에게 일이 생길 때마다 서로 연락하여 함께 참석하였습니다. 지금은 자녀 둘 다 외국에서 유학 중이기 때문에 저와 남편은 각자 혼자살고 있습니다. 혼자의 삶이 자유롭고 편했지만 가장 좋았던 건 남편의 채무로부터 벗어난 것입니다. 지금은 남편과 가끔 만나 식사도 하고 데이트 아닌 데이트를 합니다. 이혼 전보다 전남편과의 관계도 훨씬 좋아졌습니다. 그런데 며칠 전에 남편에게서 '너무 외롭다. 힘들다, 다시 함께 살았으면 좋겠다.'는 말을 들었습니다. 남편과의 관계를 다시 시작하자니 예전 기억이 떠올라 괴롭기도 하고 두렵기도 합니다. 어떻게 해야 할지 모르겠습니다.(50대 후반의 여성)

해석

남편분은 열정이나 욕구가 많은 사람이군요. 다만 열정이 지나쳐 상대에 대한 배려가 부족해 보입니다. 그러한 남편분의 내담자님에 대한 배려가 없는 일방적인 관계로 인해 내담자님의 어려움과 상처가 많았을 것 같습니다. 그러나 내담자님은 상대에 대한 배려심이 많은 분으로 결혼생활 내내 남편을 배려하고 컨트롤하며 사셨던 것 같습니다. 아마도 내담자님의 노력 덕분에 이 관계가 지속될 수 있었을 것입니다. 이혼 전에는 남편의 행동이나 말 등에 내담자님은 자신의 생각이나 마음을 감추고 솔직하지 못했던 듯 보입니다. 아마도 남편이 상처를 받을 것 같아 말하지 못하지 않았나 생각됩니다. 이러한 감정이 쌓이다 보니 두 분 사이에 감정의 골이 깊어지고 갈등이 생겨난 것이 아닌가 싶습니다. 깊어진 갈등으로 인해 서로 간에 불신이 생기고 상처가 깊어져 헤어진 것이 아닌가 싶습니다.

현재 남편분은 자신의 자존심을 내려놓고 내담자님을 붙잡고자 하는 것 같습니다. 내담자님은 무엇이 두 분의 사이에서 필요한지 집고 넘어가야 할 것 같습니다. 그렇지 않으면 과거 부부로 살았던 때처럼 힘들고 고통스러운 삶의 연장선이 이어질 수 있기 때문입니다. 그러나 내담자님의 실질적인 필요가 무엇인지 생각해 보시고 관계를 재정립해 보시기 바랍니다. 내담자님만의 일방적인 희생이나 배려는 관계를 좋게 만들 수 없기 때문입니다.

남편분은 내담자님과의 새로운 관계를 원하지만 자신의 필요 부분(현재 상황의 어려움)에만 생각이 머물러 있는 듯 보입니다. 남편분은 자신의 심리적, 상황적, 현실적 어려움에 대한 근심과 걱정이 많아 내담자님에게 의지하고 싶은 마음이 있을 수 있습니다. 내담자님은 남편의 배려없는 일방적인 행동과 노력해도 개선이 되지 않을 수도 있을 것 같다는 생각에 두려움과 걱정을 느끼는 것 같습니다. 서로 간에 배려가 없는 관계는 다시 힘들 수도 있습니다. 어떤 선택을 하든 시작을 하려면 서로가 배려와 관용, 헌신으로 관계를 이어나가야 함을 의미합니다.

두 분 사이에 가장 힘들었던 부분은 남편분의 무분별한 채무관계와 배려없는 행동이 아닌가 생각됩니다. 조급하게 결정하지 마시고 남편분과 솔직하게 힘들었던 부분과 좋았던 부분 등에 대해 대화를 나누실 필요가 있습니다. 그렇지 않다면 이전보다 더한 갈등이 생겨날 수도 있기 때문입니다. 하지만 새로운 상황에 대해 불안해 할 필요는 없습니다. 두 분이 서로를 배려하고 솔직하게 자신의 감정을 대화로서 나누고 헌신한다면 경제적인 안정과 더불어 관계에도 좋은 소식이 있을 것입니다.

....

조언&코칭

결혼생활의 주춧돌은 남편과 아내 두 사람입니다. 두 사람이 함께 만들어 나갈 가정이라는 집은 자녀들에게 많은 영향을 주게 됩니다. 앞으로 자녀들에 의해 세워질 새로운 가정에 영향을 주기 때문입니다. 그러므로 지금은 두 분의 신뢰와 배려, 헌신 등이 필요한 부분이기도 합니다. 어떠한 결정을 하시든 조급하게 서두르지 마시고 두 분이 충분히 대화하시고 의견을 나누어 좋은 방향으로 결정을 하시기 바랍니다. 그렇게 된다면 더 좋은 관계를 만들어 가실 수 있을 것입니다.

본 개정판 추가 내용은 대학 평생교육원에서 강의되고 있는 데카메론 타로카드 상담전문가 과정의 일부이며, 데카메론 타로카드의 전문적인 이해를 도모하는 독자들을 위해 수록한다. 더 자세한 고급 내용은 대학 평생교육원 등 전문교육기관에서 진행하고 있는 데카메론 타로카드 상담전문가 과정에서 만나 볼 수 있을 것이다.

제 3 편

데카메론 심화

1. 데카메론 타로카드의 주요 컨셉? "성"&"스토리텔링"

『데카메론』은 14세기에 나온 소설이다. 이 소설에는 페스트(흑사병)이라는 전염병을 피해 교외 별장에서 폐쇄된 생활(지금으로 이야기한다면 사회적 거리두기)을 하는 남녀들이 등장한다. 이들은 이야기를 나누는 것 외에는 달리 할 일이 없었고, 그들이 나누는 이야기 중 다수가 다소 성적인 뉘앙스를 띤다는 점이 특징이다.

데카메론 덱의 주된 초점은 "성(Sex)"으로, 성(Sex)은 인간적이고 자연스러운 것으로 비춰진다. 육체와 욕망은 단지 아름답고 이상화된 것에만 속하는 것이 아니라, 나이와 성별에 관계없이 모든 인간이 갖는 것이다. 성(Sex)은 왜곡된 도착을 통해서, 혹은 천진무구(天眞無垢)한 모습을 통해서도 나타날 수 있으며 이것은 성의 자연스러운 본연의 모습이다.

한편, '스토리텔링'은 사람들이 성을 이야기하고, 생각하고, 또 가공할 수 있는 하나의 방법이다. 즉, 스토리텔링은 자기 스스로는 물론, 애인이나 배우자 등과 같은 타인에게도 성에 대해 표현할 때 그것이 어색하거나 어렵게 느껴지지 않도록 좀 더 자연스럽게, 강하게 접근하는 방법이 될 수 있다. 이런 장점으로 인해, NLP상담에도 스토리텔링 관련 기법이 화법 등에서 효율적으로 사용되고 있다.

2. 데카메론 타로카드와 마르세이유·웨이트 계열 타로카드와의 연계성

가장 대표적인 타로카드인 프랑스식 마르세이유 타로(Marseille Tarot)와 미국(영국)식 웨이트(Waite) 타로에는 각기 다른 전통이 있다. 데카메론 타로카드는 그 내용이 몹시 성적이라 마르세이유 타로카드와 웨이트 계열의 타로카드를 일부 모방하면서도 그 둘 중 어느 쪽으로도 치우치지 않는다. 엄밀히 말하자면, 데카메론 타로는 신비주의 덱은 아니다. 점성술, 연금술, 카발라, 수비학 같은 신비주의적 연결성이 있는 다른 적당한 덱들이 있다. 하지만 이런 덱들은 성과 관련한 어려운 주제들과는 잘 맞지 않는다. 물론, 일부 연관은 될 수 있지만, 모든 카드에 연관되지는 않는다. (데카메론 상담전문가를 꿈꾼다면 일부 연관된 부분을 파악하여 나가야 할 것이다. 또한, 데카메론 타로카드가 마르세이유 타로카드와 웨이트 계열의 타로카드를 일부 모방하였기에 개정판에서는 데카메론 타로카드를 공부하며 마르세이유 타로카드와 웨이트 계열 중 국내에서 많이 사용하는 유니버셜웨이트 타로카드를 비교하며 간단히 정리할 수 있도록 두 타로카드의 이미지와 공통 키워드를 간단히나마 같이 정리하였다.)

즉, 데카메론 타로는 골든 던(Golden Dawn), 카발라, 수비학 등을 따르는 것이 아니다. 데카메론 타로의 심오하거나 신비로운 느낌의 콘텐츠는 이 덱이 좀 더 근엄하거나 진지해 보이게끔 할 목적으로 사용되기도(여기에는 전문가의 직관이 중요하게 작용) 하지만, 결국 이것 역시 데카메론 타로카드를 이루는 작은 일부분일 뿐이다. 즉, 이런 신비주의 컨셉의 내용이 데카메론 타로 덱의 전체 성격을 결정지을 만한 것은 아니다.

이 부분에 대해서 저자는 데카메론 타로카드 제작사인 이탈리아의 Lo Scarabeo의 편집장(Riccardo)과 의견을 같이하며, 데카메론 타로를 활용하는 가장 좋은 방법은 단순히 직관적 해석(직관 리딩)을 따르는 것이라 할 수 있다. 전문가가 아닌 수련자들이 할 수 있는 간단한 방법은 그림을 보고 연상되는 그 느낌이나 감정 등을 따르는 것이다. 이런 점이 데카메론 상담자에게 오히려 탁월한 전문성을 발휘할 수 있는 장점으로 작용할 수 있다.

데카메론 타로로 상담할 때 주로 성(性)과 같은 아주 사적인 주제를 다루기 때문에 타로 상담자와 내담자 모두 감정이 다소 복잡하거나 불편할 수도 있다. 이런 경우 심도 있는 해답을 얻기 위해서는 단순한 방법에 따른 상담보다 "타로 상담자의 직관에 따른 해석"이 상담에 훨씬 더 효과적일 수 있다.

물론 그렇다 하더라도 데카메론 카드가 대부분의 타로 상담 방법이나 본래의 핵심적 의미에서 크게 벗어나는 것은 아니므로 보편적 해석과 충분히 아울러 활용할 수 있다. 즉, 데카메론 타로카드 제작 당시의 원문을 통한 실전 상담＆직관 상담이 데카메론 전문가로 이르는 지름길이다.

1. 카드 이미지 파악, 분석

[0. The Fool]

데카메론 타로카드를 강의(공부)할 때, 제일 먼저 진행해야 하는 과정이다. ① 먼저, 해당 타로카드의 이미지를 파악하며 무의식(잠재의식)적 집중으로 느껴본다. ② 다음은 제목인 "0. THE FOOL(바보)"과 연계해 다시 한번 이미지를 세부적으로 느껴본다. 이때는 의식적 작용이 이루어진다. 즉, 논리적으로 이해해 나가야 하는 단계이다.

1 남자가 한쪽(오른쪽)에만 슬리퍼를 신고, 왼쪽 슬리퍼는 왼손에 들고 날아다니는 나비를 잡으려 하고 있다. 하얀 옷을 입은 여성이 남성의 성기를 자극하고 있으나, 남자의 성기는 발기되어 있지 않다. 남성은 찢어진 노란색 옷 안에 하얀 상의를 입고 있으며, 빨간 두건(모자)을 쓰고 있다. 또한, 찢어진 하의(양말)를 입고 도구들이 들어 있는 빨간 주머니를 허리에 차고 있다.

2 남성 머리에 빨간 두건: 사고가 집중되는 대상, 신경을 쓰는 대상이 있음
발기되지 않은 성기: 성적 자극이 없다 → 남성적 기능, 성적 관심 대상
여성은 남성의 성기에, 남성은 나비에 관심: 권태, 신경 쓰지 못함, 새로운 관심 대상

2. 원문 해석 & 이해

데카메론 타로카드 제작자의 의도를 파악할 수 있는 과정이다. 제일 먼저, 직역에 해당하는 과정으로 해당 타로카드의 원문 내용을 파악하며 카드의 의미를 생각해본다. 다음은 의역에 해당하는 과정으로 원문 내용을 카드에 맞게 어떻게 적용할지를 생각해본다.

0. The Fool

The woman wants sex; The man sometimes loses himself in useless daydreams. Lightheartedness and freedom carry heavy sacrifices.

직역 여성은 육체적 관계를 원한다. 남성은 때때로 헛된 몽상에 빠지곤 한다. 근심 없는 마음과 자유에는 무거운 희생이 따른다.

의역 여성은 육체적 관계를 갈망하나 남성은 때로 헛된 몽상에 빠지곤 한다. 근심 없는 가벼운 마음과 자유에는 무거운 희생이 따르기 마련임을 기억하라.

3. 실전 상담 적용

데카메론 타로카드를 강의(공부)할 때, 마지막으로 정리하는 과정이다. 타로카드 원문의 내용을 카드와 연관하여 실전 상담에 적용할 수 있는 방법을 설계해 나가는 과정이다. 물론, 추가적으로 직관 상담 부분을 접목해도 가능하다.

1 여성은 육체적 관계를 갈망하나 남성은 때로 헛된 몽상에 빠지곤 한다.
   → 여성은 육체적 관계를 갈망하고 있지만, 남성은 여성에게 관심이 없다.
   → 여성은 남성과의 사랑을 기대하고 있으나, 남성은 그런 여성과의 상황, 현실을 외면하고 있다.

2 근심 없는 가벼운 마음과 자유에는 무거운 희생이 따르기 마련임을 기억하라.
   → 남성의 권태, 무책임함
   → 상대를 배려하지 않은 행동은 발전적인 관계로 나아가기 어렵다.
   → 후회할 수도 있고, 그리워할 수도 있다. 현실적 어려움을 겪을 수도 있다.

3 직관 상담

→ 남성에게 새로운 대상이 생김

→ 남자는 무책임, 여성은 일편단심

→ 차이, 격차가 나는 커플

→ 권태기, 이성보다 중요한 목표에 우선순위

위와 같은 3-STEP 노하우를 통해 모든 78장의 타로카드의 분해가 이루어진다면, 데카메론 타로카드의 전문 상담이 가능할 것이다.

1. 데카메론 타로카드를 완벽히 이해하기 위한 사전 배경지식이 필요한가?

데카메론 타로카드는 보카치오의 『데카메론』을 근거로 제작되었기 때문에, 데카메론 타로카드를 완벽하게 이해하기 위해서는 보카치오의 『데카메론』 100가지 이야기를 완벽하게 이해함이 중요하다.

예를 들어, 데카메론의 넷째 날 - 첫 번째 이야기를 완벽하게 소화하는 상황이라면, 데카메론 타로카드 "Ⅵ. THE LOVERS(연인)" 카드에 등장하는 세 인물(침대 위의 남·여, 커튼 뒤의 남)에 대한 이해를 더욱 완벽하게 할 수 있어, 타로카드 의미를 확장할 수 있다.

물론, 『데카메론』 이야기와 상관없이 직관적인 상담으로 진행할 수 있지만, 이 경우에는 데카메론 타로카드의 전문성을 인정받을 수 있는 확장된 상담에 2%가 부족하다고 할 수 있다.

2. Ⅵ. THE LOVERS 카드 관련 상담 예시

질문 요즈음 아버지께서 자꾸 직장 퇴근 후, 끝나고 바로 들어오라고 아우성입니다. 도대체 어떤 상황일까요?

[Ⅵ. THE LOVERS]

228

1 **일반적 상담:** 위 카드의 데카메론 이야기(아래 요약 참조)를 이해하지 못한 상황에서 이미지, 원문, 직관에 의한 상담

  ① 이미지

  ② If you have the joy of winning the favor of a young woman, or man, don't be reticent but rather offer real proof of your passion.

    실전 상담: 젊은 여성이나 남성의 호감을 얻고자 한다면, 표현을 아끼기보다는 당신의 열정을 진실로 증명해 보라.

  ③ 직관 상담

2 **전문적 상담:** 위 카드의 데카메론 이야기(아래 요약 참조)를 이해한 상황에서 이미지, 원문, 직관에 의한 상담 + 데카메론 이야기를 통한 세부 파악

  [데카메론 이야기를 통한 세부 파악]

  ① 커튼 뒤의 남성과 두 사람의 관계는?

  ② 커튼 뒤의 남성이 두 남녀를 바라보는 시각은?

  ③ 현재 두 남녀의 상황은(포괄적 예)?

  ④ 두 남녀의 서로 간의 믿음 상태는(세부적 예)?

  ⑤ 남녀의 사회적 위치는(세부적 예)?

  [답변 예시]

  ① 아버지가 남자 친구와 사귀는 것을 목격 → 별로 탐탁지 않은 남자 친구로 생각, 내담자는 아직 아버지가 남자 친구가 있다는 것을 모를 것이라고 생각하고 있는 상황, 이성은 아버지의 직장, 주변에 있는 사람

  ② 이성과 차이가 큰 상황을 아버지가 반대

  ③ 남성과 여성은 주변 시선을 인식하지 못하고 강하게 사랑하는 관계

데카메론: 넷째 날 – 첫 번째 이야기 요약

살레르노의 탕크레디 공의 딸, 기스몬다는 아버지의 사랑을 한 몸에 받아오다 혼기를 훨씬 넘은 나이에 카푸아 공작의 아들과 결혼하였으나, 사별하여 미망인으로 부친 곁으로 돌아왔다. 그녀는 특출나게 뛰어난 용모를 갖고 있었고, 재기가 넘쳤고, 여자로서는 불필요하게 여겨질 만큼 두뇌가 명석했다. 그녀는 부친의 강한 애정 때문에 재혼은 생각하기 어려웠지만, 가능하다면 적합한 연인을 갖고 싶다고 생각했다. 그래서 부친의 궁정에 드나드는 귀족이나 평민들을 잘 관찰한 결과, 부친을 시중드는 낮은 신분의 청년인 귀스카르도라는 사람이 아주 마음에 들었다. 귀스카르도 또한 그녀의 태도를 눈치챘고, 두 사람은 기스몬다의 침대에서 은밀히 사랑의 정

사를 나누게 되었다. 그러던 어느 날, 탕크레디 공이 식사 후 아래층에 내려가니, 딸 기스몬다가 시녀들과 뜰에 나가 있기에 아무에게도 들키지 않고 딸의 방으로 들어 갔다. 방의 창문은 닫혀 있었고 침대의 커튼이 내려져 있어 침대 옆 구석의 의자에 앉았다. 그리고 머리를 침대에 기대고 커튼을 잡아당기자 몸이 완전히 감추어졌고, 그대로 깊은 잠이 들고 말았다. 이날은 기스몬다와 귀스카르도가 사랑을 나누는 날 이라 시녀들을 뜰에 둔 채 기스몬다가 가만히 방에 들어왔다. 그리고 방에 자물쇠를 걸고 여느 때처럼 귀스카르도와 침대에 누워 사랑의 유희를 시작하였는데, 그 바람 에 탕크레디 공이 잠에서 깨고 말았다. 그리하여 공은 귀스카르도와 딸이 사랑을 나 누는 것을 처음부터 끝까지 모두 보고 듣고 말았다. 그날 밤 사람들이 모두 잠들었 을 무렵, 귀스카르도는 공의 명령을 받은 두 부하에게 잡히어 남몰래 먼 방에 감금 되었다. 이튿날이 되자 공은 여러모로 궁리한 끝에 여느 때와 같이 식후에 딸의 방 에 가서 딸을 불러오게 하여 방에 자물쇠를 잠그고 눈물을 흘리며 자신의 심정을 말 하였다. 기스몬다는 아버지의 말을 듣고 자기의 은밀한 사랑이 탄로 났을 뿐만 아니 라 귀스카르도가 죽었을지 모른다고 생각하였고, 자기 일로 자비를 구하려고 하지 말고 차라리 죽어 버리자고 결심해 귀스카르도와 같은 처분을 요구했다. 탕크레디 공은 귀스카르도를 감시하고 있던 두 부하에게 오늘 밤 그를 목 졸라 죽이고 그 심 장을 빼내어 자기에게 가져오도록 명했다. 다음 날, 공은 부하에게 명하여 크고 아 름다운 황금 잔 안에 귀스카르도의 심장을 넣어 딸에게 보내도록 했다. 그녀는 전날 에 만들어 두었던 독액이 든 단지를 가지고 와 심장이 들어 있는 잔에 그 독액을 부 었다. 그리고 두려움도 없이 단숨에 들이켜 잔을 비우고 잔을 손에 든 채 침대 위로 올라갔다. 그러고는 할 수 있는 만큼 침대 위에서 몸가짐을 단정히 하고 자기 심장 에 연인의 심장을 가까이 대고 입을 다물고 조용히 죽음을 기다렸다. 시녀들의 보고 를 받은 탕크레디 공은 까무러칠 듯이 놀라 딸의 방으로 달려왔다. 탕크레디 공은 두 사람의 죽음을 슬퍼하며 자기의 처사를 매우 후회했다. 이것을 안 살레르노의 시 민들은 모두 깊은 비탄에 젖었으나 두 사람의 사랑과 명예로움을 찬양하였고, 공은 두 사람을 같은 무덤에 장사 지내 주었다.

3. 14C 중세 유럽의 시대적 배경

당시 타락한 교회의 상황과 부정적 성직자에 대한 시대적 배경을 모티 브로 한 데카메론 이야기들을 이해하고 있다면,

[Ⅴ. THE HIEROPHANT]　　[XX. JUDGEMENT]

　"Ⅴ. THE HIEROPHANT(교황), XX. JUDGEMENT(심판)" 등의 카드에 숨겨진 배경과 인물에 대한 완벽한 이해에 접근하기 수월할 것이다. 또한, 당시 14C 중세 유럽의 시대적 배경을 파악하고 있다면 데카메론 타로카드를 단순한 이미지로만이 아니라 전반적으로 더욱 심도 있게 이해할 수 있을 것이다. 독자의 이해를 위해 본서의 Prologue와 제1편 데카메론 전반 - Ⅰ. 14세기 중세 유럽 - 1. 시대적 배경에서 설명하였던 내용을 다시 연계하여 인용해 본다.

2021년 5월, 지금 전 세계는 1년이 넘는 동안 코로나 19(COVID-19)라는 큰 난관에 봉착해 있다.

7백여 년 전의 아주 먼 과거, 중세 유럽을 참담하게 휩쓴 페스트(이하, 흑사병)라는 전염병이 있었다. 1347년경에 시작된 흑사병은 유럽 전체를 휩쓸어 수년 만에 유럽 인구를 절반 가까이로 줄인 참혹한 질병이었다.

14세기부터 15세기 중반까지를 말하는 중세 유럽 후기는 13세기 말부터 시작된 개간 사업으로 숲이 없어졌다. 그로 인해 늘어난 인구를 부양할 식량이 급격하게 감소하면서 발생한 인플레이션으로 장기 경기 침체와 경제적 위기를 겪게 되었다. 그리고 이러한 식량 부족으로 인한 영양 부족, 경기 침체와 함께 유럽 전역에 퍼진 흑사병으로 인해 유럽의 인구가 급감하였다. 특히, 흑사병으로 인해 3개월이란 짧은 시간에 유럽 인구의 3분의 1이 감소하면서 사회적 불안감이 최고조에 이르고 수많은 폭동이 일상적으로 일어나는 등 사실상 유럽이 무너졌다고 할 수 있다. 실제로 1348년부터 피렌체에서도 흑사병이 나돌면서 신분, 연령, 성별에 상관없이 모두 전염병 앞에서 무너지게 되었다. 이에 중세 유럽 사람들은 흑사병을 해결하기 위해 다양한 해결책을 내놓게 되었다. 병의 원인을 몰랐던 당시 사람들은 흑사병의 원인을 개와 고양이로 생각하고 국가 예산을 사용하여 개와 고양이들을 죽이기 시작하였다. 그러나 잘못된 원인 파악으로 흑사병의 원인이었던 쥐들은 더 번식하게 되는 결과를 가져왔다. 그뿐만 아니라, 흑사병이 공기를 통해 전염된다고 생각하기도 하였으며, 흡연자는 흑사병에 걸리지 않는다는 소문이 돌기도 하였다. 의학적으로는 방혈법과 임파선종 절개 수술이 행해졌으나 전혀 효과가 없었다. 그러나 시간이 지나면서 흑사병은 점차 줄어들었고, 19세기에 파스퇴르가 백신을 개발하면서 흑사병이 종결되었다.

이러한 흑사병에 중세 유럽은 경제적·사회적으로 많은 영향을 받았다. 경제적으로는 봉건 체제가 무너지면서 농민 봉기가 일상적으로 일어났고 영주들은 노동력을 확보하기 힘들었다. 반면, 농민들은 권력이 약해지는 영주들에게 반항하고 반란을 일으키며 사회적으로나 경제적으로 지위를 차츰 향상해 나갔다.

한편, 사회적으로는 전염병에 걸린 사람은 비록 가족이더라도 버리거나 죽여 나갔고 그로 인해 당시 사람들은 대인관계에 회의를 느끼게 되었으며, 점차 증가하는 사망자로 극도의 두려움과 불안감도 느끼게 되었다. 가톨릭의 엄격한 규율이 무너지고, 성직자를 비롯한 당시 사람들은 점차 쾌락주의에 빠져들어 동성애가 증가하고, 부정한 성관계를 즐기게 되는 등 성적으로도 많이 문란해졌다.

다시 말해, 중세 유럽은 빠른 전염성과 높은 치사율의 흑사병에 의해 과거와 달리 복잡한 사회가 되었고, 귀족과 교황의 권력이 약해지면서 왕권이 강화되기 시작했다. 신성과 신성모독이 혼합되어 있었고, 이는 문화·예술에까지 영향을 미쳐 교회를 비판하고 풍자하는 악의적이고 역설적인 어휘들을 예술적인 언어와 은유적인 은밀한 이미지로 바꿔 표현하기 시작했다.

데카메론의 공간·시간적 배경이 되는 14세기 이탈리아 역시 혼란의 시대를 겪었다. 도시마다 국가가 있는 분립주의 상태였던 당시 이탈리아에서는 황제권과 교황권의 충돌로 정치적 혼란을 겪게 되었고, 군소 국가들 역시 서로 싸우며 세력이 약한 국가가 강한 쪽으로 흡수되기도 하였다.

이러한 시대적 배경은 데카메론에도 설명하고 있는데, 그 내용은 다음과 같다.

"이 상황에서 사람들은 각기 다른 반응을 보였는데, 일부는 절제와 금욕 생활을 했고 다른 사람들은 마음껏 먹고 마시는 일을 일삼았다. 법과 계율을 다 버리고 방종했으며 일부는 집과 재산을 버리고 도시를 떠나 한적한 시골로 이주했다."

이처럼, 데카메론이 쓰인 14세기 중세 유럽은 흑사병이 창궐하던 시대로 전염성이 높아 교제가 제약을 받던 시기였으며, 언제 죽을지 모르는 침울한 시기였다. 또한, 성직자나 수도사들도 권력을 남용하였고, 섹스를 즐기던 시대였고 스와핑, 동성애가 난무하던 성적으로 문란했던 시기였다.

따라서, 위와 같은 시대적 배경을 이해하게 된다면 상황에 따라 V. THE HIEROPHANT(교황), XX. JUDGEMENT(심판) 카드에서 다음과 같은 추가적인 내용을 생각해 볼 수 있을 것이다.

1 **V. THE HIEROPHANT**(교황)**:** 교황이 수녀의 머리를 지그시 누름 – 자신의 권위를 이용하여 아랫사람에게 희생을 강요 / 수녀는 윗사람의 강요에 의해 어쩔 수 없이 행동 / 갑을 관계 / 미투 관련 / 성 문제와 관련

2 **XX. JUDGEMENT**(심판)**:** 과거의 타락, 후회스러운 경험, 기억 모두를 천으로 덮어 버리겠다는 의도이며 새로운 삶의 의지

1. 일반적으로 타로카드에서 사용하는 스프레드를 데카메론 타로카드의 실전 상담에서 사용할 수 있는가?

다른 타로카드에서 사용하는 원 카드 스프레드, 쓰리 카드 스프레드 및 더 많은 카드의 개수로 배열되는 일반적인 실전 스프레드를 데카메론 타로카드의 실전 상담에서 사용할 수 있다.

2. 1(남), 2(여), A, B, C, D의 14장을 사용하는 데카메론 스프레드를 응용해서 사용해도 가능한가?

가능하다. 단 한 가지 주의할 것이 있다면, 데카메론 타로의 이미지가 내담자의 생각을 육체적이고 성적인 방향으로 이끌 수 있단 점이다. 이러한 영향이 생각보다 굉장히 강력하게 작용할 수 있는데, 특히 내담자 스스로 성욕을 부정할 때에 더욱 그럴 수 있다.

이는 양날의 검이 될 수 있다. 만일 상담자가 어떤 스프레드가 되었든 14장짜리 카드 스프레드를 사용한다면 내담자의 머릿속은 사뭇 혼란스럽거나 거부할 수 없을 만큼 압도적으로 성적 이미지가 가득 들어차 버릴 수도 있다는 점을 알고 있어야 한다.

데카메론 타로뿐 아니라 섹슈얼한 덱을 사용할 경우에 강의하는 입장, 상담하는 상황에서는 비교적 짧은 스프레드를 사용하거나 두 가지 또는 그 이상의 서로 다른 덱을 사용한 혼합 리딩을 권장한다. (이후 내담자의 긍정 반응 시 확장 사용)

예를 들어, 두 카드를 사용하는 스프레드를 생각해 보자.

"남자가 마음적 측면으로 갈망하는 것"과 "남자가 행동적 측면으로 갈망하는 것". 그럼 상담자는 첫 번째 위치의 카드를 일반적인 웨이트 카드에서 선택하고, 두 번째 자리의 것은 데카메론 카드에서 뽑는 것이다. 타로카드는 자연스럽게 내담자 스스로의 "마음·정신·생각"과 "행동·육체·경험" 간 연결된 길을 인지하고 이해하는 것을 돕는 것이다(아래에서 추가 설명).

3. 데카메론 스프레드를 응용해서 사용할 수 있는 방법?

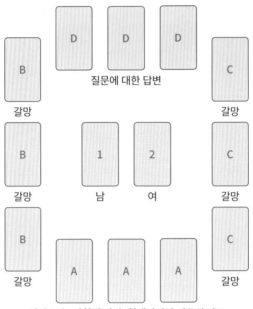

1, 2   남, 여

A, A, A   연인들이 보이는 모습, 사회적 판단(사회 전반에서 타당하다고 여겨지는 판단), 지금까지 서로가 생각해 온 측면

B, B, B   남성이 갈망하는 것

C, C, C   여성이 갈망하는 것

D, D, D   질문에 대한 답변(성적인 관계에 대한 최종적인 운명에 대해 해석)

B/C의 3장을 위로부터 남자/여자가 사고적인 면에서 갈망하는 사항, 가슴으로 갈망하는 사항, 행동적인 면에서 갈망하는 사항으로 세분화하여 활용하는 방법이다.

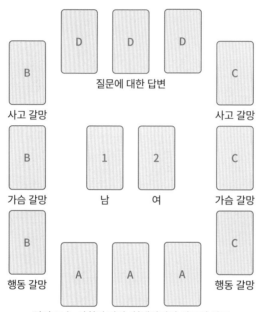

1, 2   남, 여

A, A, A   연인들이 보이는 모습, 사회적 판단(사회 전반에서 타당하다고 여겨지는 판단), 지금까지 서로가 생각해 온 측면

B, B, B   남성이 갈망하는 것(사고/가슴/행동)

C, C, C   여성이 갈망하는 것(사고/가슴/행동)

D, D, D   질문에 대한 답변(성적인 관계에 대한 최종적인 운명에 대해 해석)

A의 3장을 시간적 흐름에 따라 연인들이 보이는 모습, 사회적 판단(사회 전반에서 타당하다고 여겨지는 판단), 지금까지 서로가 생각해 온 측면을 세분화하여 활용하는 방법이다.

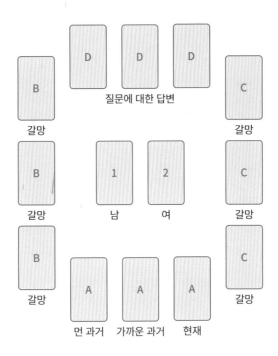

1, 2	남, 여
A, A, A	연인들이 보이는 모습, 사회적 판단(사회 전반에서 타당하다고 여겨지는 판단), 지금까지 서로가 생각해 온 측면(시간적 흐름에 따라)
B, B, B	남성이 갈망하는 것
C, C, C	여성이 갈망하는 것
D, D, D	질문에 대한 답변(성적인 관계에 대한 최종적인 운명에 대해 해석)

앞서 설명한 두 방법을 결합한 방법이다.

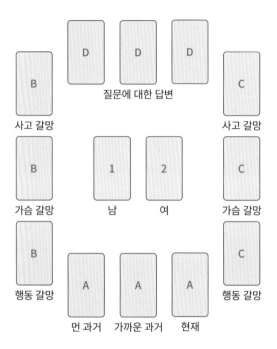

1, 2	남, 여
A, A, A	연인들이 보이는 모습, 사회적 판단(사회 전반에서 타당하다고 여겨지는 판단), 지금까지 서로가 생각해 온 측면(시간적 흐름에 따라)
B, B, B	남성이 갈망하는 것(사고/가슴/행동)
C, C, C	여성이 갈망하는 것(사고/가슴/행동)
D, D, D	질문에 대한 답변(성적인 관계에 대한 최종적인 운명에 대해 해석)

데카메론 타로카드 상담전문가 개정 3판에서 독자 및 수강생에게 상담전문가로 나아갈 수 있는 한 차원 높은 내용을 전달하려 한다.

전문 강의에서 진행하고 있는 한 차원 높은 내용 중 특별히 선별한 데카메론 타로 카드의 전문 배열법인 데카메론 스프레드에 대한 신비주의적 활용과 눈에 잘 띄지 않는 메이저 카드와 마이너 카드에 숨겨진 의미를 파악하려 한다. 아울러, 보카치 오의 데카메론 이야기와 데카메론 메이저 카드 22장의 매칭에 대해 소개한다.

제 4 편

데카메론
타로전문가
고급 TIP

앞에서 소개한 데카메론 전문 스프레드는 아래 그림과 같이 총 14장으로 배열한다.

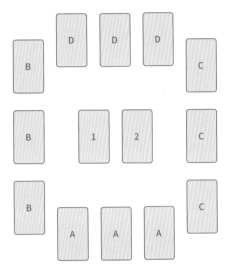

전체 14장의 각 의미는 다음과 같다.

1, 2	남, 여
A, A, A	연인들이 어떤 모습으로 보이는지를 설명하고 사회적 판단과 (사회 전반에서 타당하다고 여겨지는 판단) 지금까지 서로가 생각해 온 측면
B, B, B	남성이 여성에게 열망하는 것
C, C, C	여성이 남성에게 열망하는 것
D, D, D	질문에 대한 답변

여기에서 주목할 것은 바로 1, 2번 카드이다. 신비주의에서 논하는 기본 틀인 생명의 나무는 아래와 같은 세로 3개의 축과 10개의 세피라로 구성되어 있으며, 신의 경지인 케테르에서 인간 세상인 말쿠트까지 물질 에너지의 하강 흐름, 빛이 인간 세상에 전달되는 과정을 보여주고 있다.

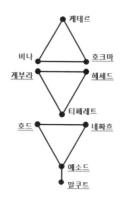

또, 한 가지 살펴볼 것은 나-너 배열법이다.

2장으로 나와 너의 관계를 파악할 수 있는 『나-너』 배열법은 보통 2장으로 배열할 수 있음에도 불구하고, 3장의 『나-관계-너』 배열법으로 진행한다.

위 2가지의 공통점에서 『데카메론 전문 스프레드의 신비주의적 활용』의 키(KEY)를 찾을 수 있다.

바로 가운데 균형 축, 관계 카드이다.

공의, 자비의 한쪽에 치우침을 가운데 축에서 균형을 맞추며 최종적인 결과에 도달하게 된다는 것, 나-너의 치우침에서 벗어나기 위해, 나-관계-너라는 3장 스프레드를 사용한다는 것이다. 이것은 헤겔의 정반합과도 연계되는 개념으로 지속적인 나아감의 과정에서의 오류나 문제 발생 상황이 그 모순을 제거하며 한 단계씩 업(UP)되어 나가는 과정이기도 하다.

데카메론 전문 스프레드의 가운데, 1, 2번 2장의 스프레드는 신비주의적 완벽성을 위해, 3장의 스프레드로 변형될 필요가 있다.

즉, 아래와 같은 15장의 스프레드로 한 단계 완벽한 데카메론 전문 스프레드로 사용할 수 있는 것이다.

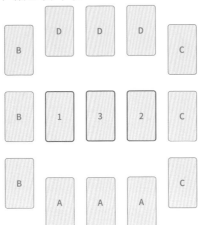

전체 15장의 각 의미는 다음과 같다.

1, 3, 2   **남, 관계, 여(여기에서 관계의 큰 틀을 파악할 수 있다.)**

A, A, A   연인들이 어떤 모습으로 보이는지를 설명하고 사회적 판단과 (사회 전반에서 타당하다고 여겨지는 판단) 지금까지 서로가 생각해 온 측면

B, B, B   남성이 여성에게 열망하는 것

C, C, C   여성이 남성에게 열망하는 것

D, D, D   질문에 대한 답변

전 세계적으로 유명한 켈틱크로스 스프레드에서 맨 마지막의 카드로 전반적인 결과를 먼저 파악하고 전반적인 흐름을 파악하는 경우가 많다.

1-3-2 배열에서의 3번 또한 그와 같은 방법으로 사용할 수 있다.

즉, 3번 카드를 통해 전반적인 남, 여 관계를 파악할 수 있으며, 전반적인 다른 12장의 카드의 흐름을 파악할 수도 있다.

위의 15장의 카드를 사용하는『데카메론 전문 스프레드의 신비주의적 활용』방법 외에 추가적인 전문가 스킬은 전문 강의에서 소개하도록 한다.

데카메론 타로상담 전문가로 나아가기 위해서는 상황을 꿰뚫어 보는 직관 능력뿐만 아니라 내담자의 상황을 잘 관측(Calibration, 캘리브레이션)하는 능력도 필요하다.

또한, 상담 중에 일어나는 찰라의 순간포착도 중요하다.

이런 모든 능력은 상담자의 전문성과 연계되어 나아가는데, 데카메론 타로카드에서 눈에 잘 띄지 않는 카드 간의 차이를 여럿 찾아볼 수 있다. 여기에서는 간단히 몇 개의 차이만을 살펴보도록 하자.

1. 글씨색(메이저, 마이너)

위 세 장의 카드는 데카메론 78장을 대표할 수 있는 메이저 카드인 0. THE FOOL, 마이너 카드인 1 WANDS, QUEEN of PENTACLES, 3장이다. 세 부류의 카드를 같이 모아 놓고 비교를 하면 메이저 카드의 글씨색깔이 빨강 또는 주황색임을 알 수 있다. 이는 데카메론 카드가 빨강, 주황의 양의 에너지와 연관된 타로카드임을 의미한다. 즉, 데카메론 타로카드는 정열의 카드이며, 적극성의 카드이며, 에너지를 발휘하는 능동적인 카드인 것이다.

2. 4원소의 숫자에 다른 방향

데카메론 카드의 구성은 메이저 카드 22장과 마이너 카드 56장, 총 78
장으로 구성되어 있다.

우리 삶의 세세한 부분을 설명하거나 본인과 연계된 주변 상황이
나 인물 등을 안내해주는 마이너 카드 56장은 완드(WANDS), 성배
(CHALICES), 검(SWORDS), 펜타클(PENTACLES)로 구성되어 있다.

이 56장의 마이너 카드에서 그림상의 차이를 찾아볼 수 있다.

한 예로 성배(CHALICES)에 해당하는 컵 2번, 컵 3번은 다른 성배
(CHALICES)의 컵과 달리 서로 마주 보는 그림으로 표현되어있다.

1 CHALICES   2 CHALICES   3 CHALICES   4 CHALICES

지면상 결론적으로 이야기한다면, 데카메론 타로카드의 기본 방향으로
접근할 경우, 수비학 2, 3 및 CHALICES의 특성과 연계되지만, 이것은
큰 문제가 되지 않는다. 하지만, 직관 타로상담이나 이미지 리딩에 있어
서는 이 부분이 중요한 영향력을 발휘할 수 있다.

데카메론 타로상담 전문가라면 쉽게 지나칠 수 있는 이런 부분도 세세
하게 파악할 수 있는 스킬도 필요하다.

3. 메이저, 마이너 원서 차이(단어, 문장)

구분	제목	원서
메이저 카드	0. THE FOOL	The woman wants sex ; The man sometimes loses himself in useless daydreams. Lightheartedness and freedom carry heavy sacrifices.
마이너 카드	1 WANDS	Sexuality comes from nature. The beginning of a loving relationship to be enthusiastically continued.
	2 WANDS	Shyness. Reserve. First experience.
	QUEEN of PENTACLES	Denial for greed and vanity only leads to the loss of one's own identity and absurdity.

데카메론 타로카드의 원서를 살펴보면 위와 같다.

자세히 살펴보면 메이저 카드와 마이너 카드의 1 WANDS, 코트 카드의 QUEEN of PENTACLES는 서술식 문장으로 마이너 카드의 2 WANDS 은 단어 형식으로 표현되어있다.

즉, 몇 개의 마이너 2~10을 제외하고 거의 모든 마이너 카드 2~10번은 단어로 표현되어있음을 살펴볼 수 있다.

여기서 우리는 단어의 형식과 문장 형식으로 구분된 카드의 큰 방향을 파악할 수 있어야 한다.

지면상 결론적으로 이야기한다면 서술형으로 표현된 메이저 카드, 에이스 카드, 코트 카드는 우리 삶에 더 쉽게 접근하며 직접적으로 다가올 수 있는 부분을 설명해주고 있다. 반면에 단어 형식으로 표현된 마이너 숫자 카드는 직접적으로 다가오기보다는 일부분을 설명해주며, 추상적으로 접목되어 있음을 의미한다.

앞의 데카메론 심화에서 『VI. THE LOVERS 카드 관련 상담 예시』를 『데카메론: 넷째 날-첫 번째 이야기』와 연계하여 독자, 수강생에게 배경지식을 통한 이해를 도왔다.

이렇게 데카메론 이야기를 사전 배경지식으로 이해하고 있다면, 데카메론 타로전문가로 폭넓은 능력을 발휘할 수 있을 것이다.

물론 카드의 매칭 이야기를 다른 시각으로 바라볼 수도 있다.

박소현 트레이너의 원고를 소개한다.

위에서 이야기한 『VI. THE LOVERS』를 다른 시각으로 데카메론 이야기와 매칭시키면, 전혀 다른 해피앤딩의 상황이 연결된다.

6(VI)- 연인 (The Lovers)

Day 5 - Story 4 해피앤딩
친아들 같은 리차르도와 외동딸의 발찍한 비밀 연애가 들통나고, 정식 결혼이라는 부모님의 올바른 선택으로 모두의 명예를 지키는 이야기.

이와 같이 내담자의 상황에 맞는 다양한 전개도 가능하다.

하지만, 위와 같은 응용이 가능하기 위해서는 일반적인 데카메론 이야기와 데카메론 타로카드의 매칭이 선행되어야 한다.

데카메론 타로카드 상담전문가 개정 3판에서는 메이저카드 22장과 데카메론 22개의 이야기의 매칭을 소개한다. 6번 THE LOVERS(연인) 카드는 앞서 설명했기에 제외한다.

0- 바보 (The Fool)

Day 3 - Story 1 목표를 위한 노력

수녀원에 취업한 젊은 청년 마세토와 젊은 수녀 8명, 수녀원장의 비밀스런 수녀원 생활 이야기.

1(I)- 마법사 (The Magician)

Day 6 - Story 4 현명함 혹은 재치

요리사 키키비오는 임기응변으로 최악의 벌을 피하고 일과 사랑, 신임 모두를 얻게 되는 이야기.

2(II)- 고위여사제 (The High Priestess)

Day 10 - Story 10 너그러움과 포용

양치기의 딸 그리셀다에게 복종하는 결혼 생활을 요구하며 수년 동안 여러 가지 시험으로 인내심을 시험하는 권위적인 남편의 이상한 욕망, 일편단심인 그녀의 명예를 회복시켜 아내로 맞이하는 이야기.

3(III)- 여황 (The Empress)

Day 3 - Story 1 목표를 위한 노력 (바보이야기의 후반부)

정원사로 취직한 마세토를 보고 욕망에 사로잡힌 수녀원장이 자기
방으로 데려가 여러 날을 데리고 놀며 사심을 채우는 이야기.

4(IV)- 황제 (The Emperor)

Day 10 - Story 6 너그러움과 포용

샤를 왕이 백작의 간언 덕분에 미혹에 빠지지 않고 처녀들을 명예롭
게 혼인시켜 명예를 지키는 이야기.

5(V)- 교황 (The Hierophant)

Day 3 - Story 8 목표를 위한 노력

수도원장이 부녀자의 남편을 연옥에 보내어 벌주고 자신의 욕심을
채우는 이야기.

Day 2 - Story 7 고생 끝에 찾아온 행복

배가 난파되어 시작된 알라티엘 공주의 4년간의 파란만장한 모험 이야기.

Day 10 - Story 10 너그러움과 포용 (여사제이야기의 후반부)

귀족 남편의 모든 결정에 절대복종하는 그리셀다 귀족 부인. 남편의 모진 시험들을 견뎌낸다. 인내심 강한 그리셀다 부인의 이야기.

Day 3 - Story 10 목표를 위한 노력

14세 소녀 알리베크가 그리스도교의 진리를 구하기 위해 수도자를 찾아 사막 깊숙한 곳으로 떠나 진리를 구하게 된다는 이야기.

10(X)- 운명의 수레바퀴 (Wheel of Fortune)

Day 8 - Story 8 거짓말과 거짓말
두 부부가 스와핑하게 된 사연 이야기.

11(XI)- 힘 (Strength)

Day 2 - Story 9 고생 끝에 찾아온 행복
남편의 내기 때문에 누명을 쓰고 죽을 고비를 넘긴 후 남장을 하고 범인을 찾아나서는 베르나보의 현명한 아내 이야기.

12(XII)- 매달린 여성 (The Hanged Woman)

Day 8 - Story 7 거짓말과 거짓말
미망인 엘레나를 짝사랑하는 순진한 학자를 골탕먹이고, 복수를 당하면서 역지사지를 깨닫게 되는 이야기.

13(XIII)- 죽음 (Death)

Day 4 - Story 5 사랑으로 인한 불행

오빠들에 의해 억울하게 죽임을 당한 연인이 꿈에 나타나 자신의 억울한 죽음을 알리는데. 죽은 연인을 잊지 못해 슬퍼하는 이야기.

14(XIV)- 절제 (Temperance)

Day 4 - Story 10 사랑으로 인한 불행

남편에게 불만이 많은 외과의사 부인과 방탕한 귀족 루지에리의 죽기 직전 다시 살아 돌아온 이야기.

15(XV)- 악마 (The Devil)

Day 2 - Story 7 고생 끝에 찾아온 행복 (전차이야기 후반부)

공주에게 홀린 듯 독기어린 사랑에 단도로 친구인 영주를 죽이고 자고있는 공주를 품에 안는 공작 이야기.

16(XVI)- 탑 (The Tower)

Day 4 - Story 1 사랑으로 인한 불행

미망인이 되어 돌아온 외동딸이 미천한 남자와 사랑에 빠진 것을 알게 된 아버지의 잘못된 사랑이 불러온 불행 이야기.

17(XVII)- 별 (The Star)

Day 7 - Story 9 새로운 사랑을 위한 부인들의 거짓말

세 가지 힘든 시험으로 자신에 대한 귀족 부인의 사랑을 확인한 청년 피루스는 부인의 남편 앞에서 부인과 사랑의 유희를 나누는데, 배나무 위에서 지켜보던 남편에게는 지금 본 것이 환상이었다고 믿게 하는 이야기.

18(XVIII)- 달 (The Moon)

Day 4 - Story 2 사랑으로 인한 불행

대천사 가브리엘이 부인을 찾아갈 것이라 암시하고 자신이 변장하여 부인과 밀회를 가지려 하지만 계획이 수포로 돌아가 망신을 당하는 타락한 수도사 이야기.

19(XIX)- 태양 (The Sun)

Day 5 - Story 10 해피앤딩

남편 피에트로의 위장 결혼으로 불행한 결혼 생활을 하던 중 젊은 사
내를 만나게 된 부인. 하지만 남편에게 들키는데, 남편은 오히려 좋아
하며 다 같이 행복해지는 방법을 제안한다.

20(XX)- 심판 (Judgement)

Day 4 - Story 3 사랑으로 인한 불행

남, 녀 세 쌍둥이의 사랑과 배신으로 인한 죄와 벌, 면죄부 이야기.

21(XXI)- 세계 (The World)

Day 2 - Story 3 고생 끝에 찾아온 행복

영국 공주가 자신의 남편감을 찾기 위해 수도원장으로 변장하여 여
행 중 남편감을 찾아 결혼 승낙을 받고 결혼하게 되는 이야기.

소중한 인연, 함께 할 수 있는 인연에 진심으로 감사하다.

그리고 내가 할 수 있는 일이 있어 이 또한 감사하다.

소중한 인연 항상 소중히 간직하고 살아가려 한다.

그리고 나누면서 나아가려 한다.

많은 부분의 내용을 다루었으면 좋았겠으나 지면상의 한계로 수록하지 못함이 아쉬울 뿐이다. 저자와 한국타로&NLP상담전문가협회의 전문 트레이너들이 강의하는 전국의 직강 현장에서는 더욱 풍부하고 실감 나는 강의가 진행될 것이다.

우리 삶이…

평범하지만 그 평범함을 행복감으로 느끼며

그 평범한, 행복한 삶만 계속되기를 기원하며 집필을 마친다.

다시 한번 소중한 인연에 감사드리며, 좋은 인연 계속 이어나갔으면 좋겠다.

대표 자문 **최지휜** 드림

대표 자문 **최지훤**

- 미국 타로 길드 그랜드마스터(USA TAROT GUILD CTGM)
- 한국타로&NLP상담전문가협회 마스터 트레이너
- 한국만다라 심리상담협회 마스터 트레이너
- 한국진로상담협회 수련감독&수퍼바이저
- 국제공인 NLP트레이너(캐나다 에릭슨칼리지&K-NLP)
- 국제공인 미국 ABH(최면치료협회) 트레이너
- 일본 JCLTA 색채치료협회 마스터 강사
- 꿈분석 전문가
- 한국상담학회 정회원 등

- 교육심리&상담 박사 수료
- 국내 대학&교원연수 타로상담 강의 운영 선구자
- 서울교대, 경기대, 충북대, 충남대 등 평생교육원 타로상담&NLP 대표 강사
- 한국교총종합교육연수원 전국교원 타로상담 연수
- 경기 수원교육지원청, 이천교육지원청 WEE클래스 상담교사 대상 교원연수
- 서울교육청, 경기교육청, 충북 단재교육원 등 교원연수

- 유니버셜웨이트 타로카드, 마르세이유 타로카드, 심볼론 타로카드, 칼라심리&상담카드, 데카메론 타로카드 라이센스 보유

- 대표 저서: 타로카드상담과 NLP힐링치유(2쇄, 2천 권 품절), 타로카드상담전문가(2쇄), 칼라심리&상담카드, 타로상담전문가 프레젠테이션, 데카메론 타로카드상담전문가, 심볼론카드 상담전문가, 마르세이유 타로카드 상담전문가, 학교 타로상담&NLP상담(기본편) 등

- 운영 카페: 전국 타로상담&NLP상담협회 https://cafe.daum.net/KANLP

< 대표 저자 >

이미정
- 미국 타로길드 그랜드마스터 자격(USA TAROT GUILD CTGM)
- 한국 만다라 심리상담협회 마스터 트레이너
- 한국타로&NLP상담전문가협회 마스터 트레이너
- 국제공인 NLP트레이너(캐나다 에릭슨칼리지 & K-NLP)
- 만다라, MBTI 타로카드 이미지 상표 특허 출원 중
- 심볼론카드 상담전문가, 만다라 명상 & 타로카드 등 다수 공저
- 前)충북대, 충남대 출강

김은미 (adelide97@hanmail.net)
- 학력 : 상담심리학 석사, 전문상담교사 1급
- 자격 : 『한국 만다라 심리상담 협회』 만다라 코칭, 만다라 명상, 만다라 타로상담 전
        문가, 『한국 타로상담 & NLP상담 전문가협회』 타로상담 트레이너(유니버셜
        웨이트, 컬러타로, 오쇼젠, 마르세이유, 심볼론), ABH 최면 마스터 프랙티셔너,
        TPTF 파츠테라피 퍼실리테이터, 울트라뎁스 퍼실리테이터
- 대표 저서 : 질문과 이야기가 있는 교실, 선생님의 해방일지, 학교 타로 상담 &
           NLP상담(기본편), 심볼론카드 상담전문가, 만다라 코칭 & 실제, 만다
           라 명상 & 타로카드 공저
- 現) 초등학교 교사

박소현 (embosing21@naver.com), 서울·경기

• 학력 : 국제뇌교육대학원대학교 동양학과 석사

　　　　국제뇌교육대학원대학교 동양학과 박사(24년 02월 예정)

　　　　「타로의 변천과정과 활용방안에 대한 고찰」, 석사 학위 논문

　　　　「MBTI 성격유형과 타로 인물카드의 상관성 비교 연구」, KCI 학술지 논문

• 자격 : 『한국 타로&NLP상담 전문가협회』 데카메론 타로상담전문가 - 트레이너 1급

　　　　『한국 타로&NLP상담 전문가 협회』 유니버셜, 마르세유, 심볼론, 오쇼젠, 컬러타로 - 프랙

　　　　티셔너 3급

　　　　『한국 만다라 심리상담 협회』 만다라 코칭, 만다라 타로상담 전문가 - 트레이너 1급

　　　　타로심리상담사 1급, 점성심리상담사 1급, 사주심리상담사 1급, 색채심리상담사

• 現) 경희대학교 평생교육원 타로 강의 출강

• 現) Find Luck 교육 위원 & 수석 상담사

< 공동 저자 >

우수옥 (woosuok@korea.kr)
• 학력 : 초등교육학 석사 및 교육정책 석사
• 자격 : 한국타로 & NLP상담 전문가협회 및 한국만다라 심리 상담협회 회원
　　　　마르세이유 타로, 심볼론 타로, 만다라 코칭 전문가 트레이너
　　　　학교전문상담교사 자격 1급
• 저서 : 심볼론 타로 상담전문가 공저
• 現) 초등학교교장으로 근무

소난영 (sollwhui@naver.com)
• 학력 : 상담학 석사, 교육심리 및 상담학 박사수료
• 자격 :『한국 만다라 심리상담 협회』만다라 코칭, 만다라 명상, 만다라 타로상담
　　　　전문가
　　　　『한국 타로상담 & NLP상담 전문가협회』타로상담 트레이너(유니버셜웨이
　　　　트, 컬러, 오쇼젠, 심볼론, 마르세이유, 데카메), 전문상담사(2급), 가족상담사
　　　　(1급), 부부이마고치료(1급), 영화치료사(2급), 원예치료사(1급)
• 저서 : 심볼론 타로 상담전문가 공저
• 저서 :『심볼론카드 상담전문가』(개정공저, 만다라 명상 & 타로카드』공저
• 現) 중학교 전문상담

몇 년 사이에 국내에는 타로카드 관련 서적 출판이 홍수를 이루고 있다. 하지만, 안타깝게 시중의 책들을 보면 도움이 되는 책만 있는 것이 아니라 오히려 혼돈에 빠지게 하는 책들이 즐비하다. 이에 데카메론 타로카드 상담전문가 독자들에게 타로상담전문가로 나아갈 수 있는 한국타로&NLP상담전문가협회, 한국만다라 심리상담협회의 대표 서적을 소개한다. 부디, 타로카드 상담전문가라는 하나의 목표로 열공하여 주위의 어려운 상황에 있는, 상담이 필요한 사람들에게 도움을 줄 수 있는 그런 멋진 타로 상담전문가가 되기를 기대한다.

1. 타로카드상담과 NLP 힐링치유(개정판, 2000권 품절)

저자 최지원 외   출판사 해드림출판사
발행일 2017년 5월 22일   사양 신국판

타로상담의 기초 내용을 자세히 소개했다. 기존 타로를 점이라고 인식하는 독자, 수강생들에게 타로상담을 소개하고 효율적인 상담 방법인 NLP상담을 접목한 국내 최초의 타로상담&NLP상담 서적이다. 너무나 좋은 인기로 아쉽게 2000권 모두 품절이다.

2. 타로카드상담전문가(개정판)

저자 최지원 외   출판사 해드림출판사
발행일 2020년 2월 20일   사양 양장, 컬러

타로상담전문가를 꿈꾸는 사람이라면 반드시 읽어보아야 할 필독서! 타로상담 기본 내용과 고급 실전 상담까지 수록되어 있는 타로카드상담전문가를 위한 고급 전문서이다. 타로카드상담전문가를 꿈꾸는 독자들에게 상당히 인기 있는 베스트셀러로 벌써 개정판(2쇄)을 출판했다. 대학교 평생교육원, 교원연수 등의 강의에서 사용하는 전문 실전서이다.

3. 칼라 심리 & 상담카드

저자 최지원 외   출판사 해드림출판사
발행일 2018년 7월 7일   사양 카드(책자 포함) 8*12

사람의 마음, 잠재의식과의 연결고리, 커뮤니케이션을 위한 칼라 심리&상담카드. 컬러와 수비학적인 신비로움을 가미하여 칼라 심리&상담카드가 제작되었다. 학교현장 및 상담현장에서 폭넓고 다채롭게 활용되고 있다. 수강생과 독자들은 한결같이 이야기한다. 서프라이즈~ 라고…

4. 타로상담전문가 프레젠테이션

저자 최지훤 외   출판사 해드림출판사

발행일 2019년 11월 11일   사양 4*6배판(양장)

타로 전문 강사를 위한 PPT 강의 내용을 책으로 출판하여 타로상담전문가의 커리큘럼을 표준화했다. 타로상담전문가의 기초, 기본, 중급의 내용 모두를 한눈에 확인해 볼 수 있는 고급 전문서이다. 강의를 위한 강사들도 많이 참고하고 있는 베스트셀러이다.

5. 심볼론카드 상담전문가

저자 최지훤 외   출판사 하움출판사

발행일 2020년 8월 10일   사양 신국판

심볼론카드는 마음의 상처를 해결하는 경험을 우리에게 제공한다. 심볼론카드 실전 상담 사례뿐만 아니라, 전문 사용법을 이해하기 위한 12별자리 10행성을 포함한 4원소, 3대 특(자)질, 양극성을 자세히 설명해 놓았다. 점성학을 사용하는 방법과 점성학을 사용하지 않는 사용법 등도 자세히 소개되어 있으며 카드 한 장한 장, 총 78장의 최지훤 대표 저자의 전문 해설도 수록되었다.

6. 마르세이유 타로카드상담전문가

저자 최지원 외   출판사 해드림출판사
발행일 2020년 10월 1일   사양 162*231

타로카드의 어머니, 대표적인 정통 타로카드라고 이야기할 수 있는 마르세이유 타로카드에 대한 전문 기본해설서이다. 메이저카드 22장, 마이너카드 56장, 총 78장의 마르세이유 타로카드에 대해 4원소, 수비학의 설명을 포함하여 독자들이 쉽게 이해할 수 있도록 설명했으며, 실전 상담의 사례도 수록하여 누구나 쉽게 타로상담을 할 수 있는 노하우를 제시해 준다.

7. 학교 타로상담&NLP상담(기본편)

저자 최지원 외   출판사 하움출판사
발행일 2021년 5월 7일   사양 152*225

전국적으로 타로 상담에 대한 강의나 교원연수 강좌가 많이 개설되고 있다. 교원들이 타로 상담에 관심을 보이는 이유는 학교에서 학생들에게 쉽게 다가갈 수 있기 때문이다. 타로 상담은 학생들이 마음을 열고 다가올 수 있도록 도와주며 진솔한 상담으로 연결되어 긍정적인 변화를 가져온다. 이 책을 통해 타로 상담을 널리 알리고, 그를 통해 학생들이 닫힌 마음을 열고, 밝은 미래를 꿈꿀 수 있는 세상으로 한 발짝 내딛기를 바란다.

8. 컬러타로상담카드(COLOR TAROT COUNSELING CARD)

저자 최지훤 외   출판사 하움출판사
발행일 2021년 8월 20일   사양 카드(7*11.5)

사람의 마음, 잠재의식과의 연결 고리, 내면과의 커뮤니케이션을 위해 컬러와 수비학적인 신비로움을 가미하여 컬러타로상담카드(COLOR TAROT COUNSELING CARD)가 제작되었다. 교육 현장 및 상담 현장에서 폭넓고 다채롭게 활용되고 있다. 수강생과 독자들은 한결같이 이야기한다. 서프라이즈라고…

9. 컬러타로카드 상담전문가

저자 최지훤 외   출판사 하움출판사
발행일 2021년 9월 27일   사양 152*225, 264p

사람의 마음, 잠재의식과의 연결 고리, 내면과의 커뮤니케이션을 위해 컬러와 수비학적인 신비로움을 가미하여 컬러타로상담카드(COLOR TAROT COUNSELING CARD)가 제작되었다. 교육 현장 및 상담 현장에서 폭넓고 다채롭게 활용되고 있다. 수강생과 독자들은 한결같이 이야기한다. 서프라이즈라고…

10. 타로상담의 정석(기본편)

저자 최지훤 외   출판사 하움출판사

발행일 22022년 10월 31일   사양 152*225, 284p

타로상담의 백과 사전의 기초편이라고 생각하면 된다. 유니버셜웨이트 타로카드 상담의 기본부터 마르세이유 타로카드, 컬러타로카드, 심볼론 타로카드, 데카메론 타로카드, 오쇼젠 타로카드 등 세계적인 타로카드를 국내최초로 한곳에 모아 선보인 최지훤 타로그랜드마스터의 베스트셀러이다. 제목답게 타로상담의 정석(기본편)을 맛볼 수 있다. 발행 직후부터 후속 출판을 요청받는 타로상담 전문서이다.

11. 만다라 명상&타로카드를 기반으로 한 『만다라 코칭&실제』

저자 최지훤 외   출판사 메이킹북스

발행일 2023년 7월 7일   사양 152*225

물질 문명이 발달할수록 우리의 정신적 영역은 나날이 피폐해지고 있는 현실이다. 『만다라 코칭 & 실제』가 우리의 삶 특히, 학교 현장에서 마음의 영역에 빛을 비추는 계기가 될 것이라 믿는다. 자신의 마음을 깊숙이 들여다보고, 치유할 수 있는 첫걸음이 될 이 책을 강력히 권한다.

12. 만다라 명상 & 타로카드 (책&카드)

저자 최지원 외 　　　　　출판사 하움출판사
발행일 2023년 09월 22일　　사양 152*225

만다라를 통한 명상과 78장 타로카드의 하모니!!!『만다라 명상&타로카드』는 최고의 타로 상담 전문가와 만다라 전문가가 '22장의 메이저 카드와 56장의 마이너 카드로 이루어진 78장의 타로카드의 구성+카발라, 오컬트적인 신비주의의 의미 가미'를 모두 접목하여 심혈을 기울인 세계적인 작품이라 할 수 있다.

13. MBTI 타로카드(2023년 12월 예정)

14. 한국형 데카메론 타로카드(2024년 2월 예정)

타로 상담전문가를 꿈꾸는 많은 수강생과 독자를 위해 다양한 전문 서적을 준비하고 있다.

지금 독자들이 보고 있는 『데카메론 타로카드 상담전문가(개정판)』를 포함하여 곧이어 출판될 타로카드 종합 실전 상담(마르세이유+유니버설 +데카메론+심볼론 등) 백과사전 등 다양한 카드를 전문적인 설명으로 출 판 예정이다.

아울러, 최지훤이 집필하는 타로 상담 전문서는 다른 일부 불법 출판 과 다르게 해당 타로카드의 저작권을 가지고 있는 유럽, 미국 등의 저 작 기관과 정식 절차를 통해 합법적으로 타로카드를 사용함을 밝힌 다.

기타 타로 상담에 대한 의문점과 많은 정보는 인터넷 다음 카페[한국타 로상담&NLP상담협회(http://cafe.daum.net/KANLP)]를 활용하기 바라며, 경기대(서울, 수원) 평생교육원, 충북대 평생교육원, 충남대 평생교육 원, 서울교대 평생교육원, 단재교육원 등 전국에서 일반 전문 강좌 및 교원연수로 인연을 이어가기 바란다. 또한, 우리나라 전역(강원도~제주 도)에서 제대로 된 정통 타로상담&NLP상담 관련 연수, 프로그램 운 영 등의 특강을 원하는 단체나 교육기관은 choiok1833@hanmail.net 으로 연락하면 이른 시일 안에 인연을 맺도록 하겠다.

소중한 인연 감사하다.

데카메론 카드의 저작권을 가지고 있는 Lo Scarabeo S.r.l 사 & 마르세이유 타로카드의 저작권을 가지고 있는 BNF[Bibliothèque nationale de France(프랑스 국립도서관) & 유니버셜웨이트 타로카드의 저작권을 가지고 있는 U.S.Games 사와의 법적인 절차를 통하여 데카메론 & 마르세이유 & 유니버셜웨이트 타로카드를 합법적으로 사용합니다.

> 본『데카메론 타로카드 상담전문가(개정판)』의 오류가 발견될 경우,
> 다음 카페 한국타로&NLP상담전문가협회(cafe.daum.net/KANLP)에 공지하도록 한다.
> 또한, 카페에서 타로상담전문가로 나아가는 실전 상담 및 많은 정보를 얻을 수 있을 것이다.

데카메론 타로카드 상담전문가

개정 3판 1쇄 발행 2023년 11월 23일
대표 자문 최지훤
대표 저자 이미정 김은미 박소현
공동 저자 우수옥 소난영

편집 양보람　**마케팅·지원** 김혜지
펴낸곳 (주)하움출판사　**펴낸이** 문현광

이메일 haum1000@naver.com　**홈페이지** haum.kr
블로그 blog.naver.com/haum1000　**인스타** @haum1007

ISBN 979-11-6440-454-4 (13180)

좋은 책을 만들겠습니다.
하움출판사는 독자 여러분의 의견에 항상 귀 기울이고 있습니다.
파본은 구입처에서 교환해 드립니다.